不倫

中野信子

文春新書

1160

はじめに　なぜ「不倫」はなくならないのか？

不倫に対して、世間の目が年々厳しさを増しています。実際、博報堂生活総合研究所の調査（２０１６年）によると、「好きならば不倫な関係でも仕方がないと思う」と答えた人の割合は約10％にすぎず、20年前の調査と比較して半減しています。

ひとたび不倫が発覚してしまえば、マスコミやネットで容赦なくバッシングされます。本人の社会的信用はもとより家庭も崩壊の危機に直面します。経済的なリスクも多大です。議員辞職に追い込まれた人もいれば、ＣＭやドラマから降板を余儀なくされたケースも多々あります。相手側の家族から訴えられる危険性もあります。

しかし、これほど失うものが大きいことがわかっているはずなのに、依然として不倫は次から次へと発覚し、一向に減る気配がありません。いったいなぜなのでしょう？

不倫をつかさどる遺伝子と脳内物質

結論から言うと、今後の人類社会において、不倫がなくなることはおそらくありえないだろうと考えられます。

なぜなら、人類の脳の仕組みは、「一夫一婦制」には向いているわけではないからです。

近年、脳科学の劇的な進歩によって、性行動に大きな影響を与える遺伝子や脳内物質の存在も明らかになってきました。また、人が持つ遺伝子のうち、たった1つの塩基配列の違いによって、性的振る舞いが一夫一婦の「貞淑型」から「不倫型」になることすらあるのです。

こうした研究成果は、端的に「人類の脳は一夫一婦制には向いているわけではない」ということを示しています。不倫に走る人々を、ことさら「淫乱」とか「倫理観を持ち合わせていない」などと安直に断罪することは、物事の本質を見誤らせる元凶にもなりえます。

私たちの脳は、ただ遺伝子や脳内物質に操られているだけです。いくら不倫バッシングが強くなろうと、大切なパートナーが怒り狂おうと嘆き悲しもうと、不倫がなくなる日がやってくることはないでしょう。

そもそも哺乳類の世界では、一夫一婦型の生き物は少数派です。研究が進むにつれて、旧来は一夫一婦型とされてきた生き物の大半が、実はパートナー以外とも性的関係を持っていることが珍しくないことがわかってきました。

人類の歴史を見ても、一夫一婦制が法律や道徳としてはともかく、実態として厳格に守られてきたことは、ほとんどないと言っていいでしょう。そればかりか、一夫多妻や乱婚を許容してきた社会集団のほうが、むしろ人口の維持には有利な側面もあったのです。

このように考えてみると、不倫が発覚するたびに大騒ぎし、その当事者の全人格を否定するかのようなバッシングが、どこか物悲しい狂態に見えてくる気さえします。

不倫バッシングもなくならない

とはいえ、不倫に対するバッシングもまた、完全になくなることはないでしょう。

人類は社会的動物です。国家、家族、会社、学校やサークルといった共同体を維持することによって、人間社会は成り立っています。共同体は、その資源（リソース）を増やすために構成員（個人）がそれぞれ一定の協力をし、共同体からリターンを受け取ることで維持されています。

ところが、なかには共同体のリソースを増やすための協力をせず、リターンだけを受け取ろうとする者もいます。自分は汗をかかずに、おいしいところだけをごっそりもらおうという輩です。

こうした存在は「フリーライダー」と呼ばれます。

共同体の協力構造と秩序を維持するためには、フリーライダーを検出し、排除（制裁）しなければなりません。

不倫をする男女は、家庭や社会におけるフリーライダーであるとも言えます。家庭を維持するための労力を回避し、恋愛の「おいしいところ」だけを享受しているように、当事者以外からは見えるからです。不倫するカップルをフリーライダーとみなし、激しい攻撃を加えることが共同体の秩序を守るための「正義の行動」だと信じて、人々は不倫カップルを徹底的に叩きのめそうとするのです。

この「正義の行動」には快楽がともなうという仕組みも、脳には備え付けられています。人々が偏執的なまでにフリーライダーを見つけ出そうとし、見つけるやいなや狂喜乱舞してバッシング祭りが始まるように見えるのは、理由のないことではないのです。冷静に考えれば滑稽であっても、不倫そのものと同様、不倫バッシングもまた、なくなることはないのです。

近年の脳科学の飛躍的な発展によって解明されてきた、このような「フリーライダー」に対する社会的制裁」に果たす脳内物質の役割についても、本書では解説していきます。

一夫一婦制が広く社会制度の中に組み込まれて以降、不倫が発覚した場合は「姦通罪」が適用され、さまざまな社会的制裁や刑罰が加えられるということがしばしばおこなわれてきました。それは単に「不倫は道徳的ではない」という倫理的な理由だけではなく、もっとドライで冷厳な生物学的メカニズムが働いていたのです。現代社会では、週刊誌やネットメディアが非常に優秀な「不倫検出&排除」のツールとして機能してきたと言えるでしょう。

本書では、不倫、そして結婚という人間同士の結びつきにまつわる謎を最新科学の目で解き明かしていきます。

目次

第4章　不倫はなぜ叩かれるのか？　社会的排除のしくみ

第5章　不倫をやめられないあなたへ

構成・飯田一史

第1章　人類に一夫一婦制は向いていない

貧しい国ほど不倫率が高い

あなたは、けっして不倫は許されないと思っていますか？　それとも、別にかまわないとお考えでしょうか？

国際世論調査のシンクタンク「ピュー・リサーチ・センター」の調査（2013年）によると、不倫が「道徳的に許されない」と考える人の割合は、パレスチナとトルコの94％を筆頭に、ヨルダン、エジプト、インドネシア、レバノンなどイスラム教圏の諸国では90％以上です。割合の低い順ではフランスが47％とダントツですが、次いでドイツ60％、インド62％、イタリアとスペインが64％と続きます。

一方、日本は69％でした。これは国際的に見れば決して高いほうではありません。

ただし、「不倫は許されないと考えている」ことと、「実際に不倫している」かどうかは、別の話です。

パリ在住の米国人ジャーナリスト、パメラ・ドラッカーマンは著書『不倫の惑星』（早川書房、2008年刊）で、「貧しい国ほど不倫率が高い」という指摘をしています。

同書には「結婚もしくは同棲している人々」のなかで「1年以内に複数の性交渉の相手をもった人」の各国比較が掲載されています。

あなたは不倫を道徳的に許されると考えますか？

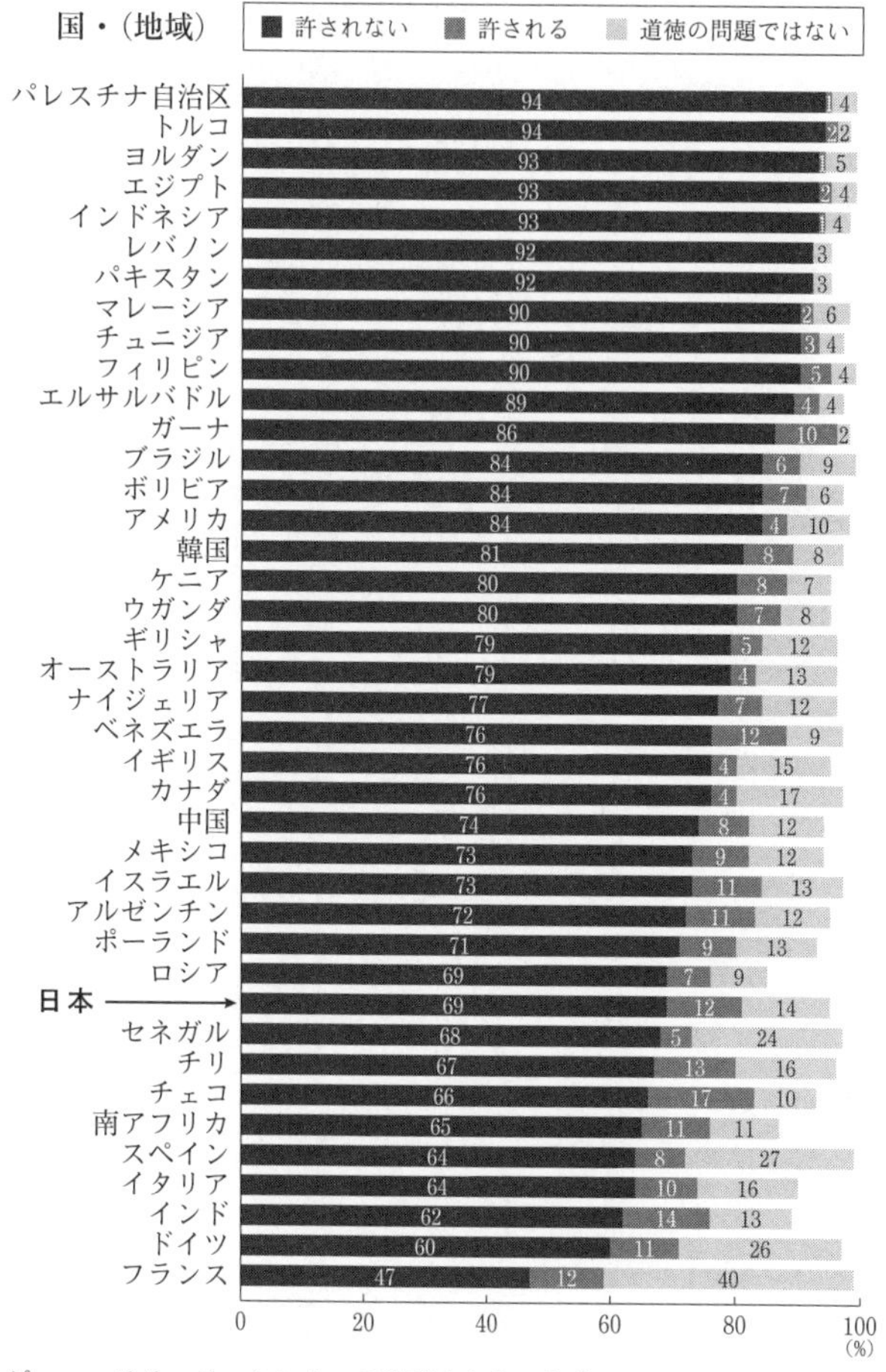

ピュー・リサーチ・センターの調査をもとに作成
http://www.pewglobal.org/2014/04/15/global-morality/table/extramarital-affairs/

トップは西アフリカにあるトーゴ（男性37・0％、女性0・5％）、以下、カメルーン（男性36・5％、女性4・4％）、コートジボワール（男性36・1％、女性1・9％）、モザンビーク（男性28・9％、女性3・1％）、タンザニア（男性27・6％、女性2・5％）と続きます。また、南米諸国の男性も浮気率が高く、ボリヴィア8・6％、ブラジル12・0％、ペルー13・5％などでした。

逆に浮気の比率が低いのは欧米諸国で、アメリカ（男性3・9％、女性3・1％）、フランス（男性3・8％、女性2・0％）、イタリア（男性3・5％、女性0・9％）、スイス（男性3・0％、女性1・1％）、オーストラリア（男性2・5％、女性1・8％）となっています。最低はカザフスタン（男性1・6％、女性0・9％）、バングラデシュ（男性1・6％、女性は不明）でした。

残念ながら同書には日本の調査結果が載っていませんが、日本人の性的傾向については、他の調査があります。

たとえば、一般社団法人日本家族計画協会家族計画研究センターが20歳から69歳までの男女を対象としておこなった調査を解析した「ＪＥＸの『ジャパン・セックス・サーベイ』からみる日本人の性行動の実態」という調査報告（調査は12年11月に実施）がありま

１年間に決まった交際相手以外との性交渉を持った男性

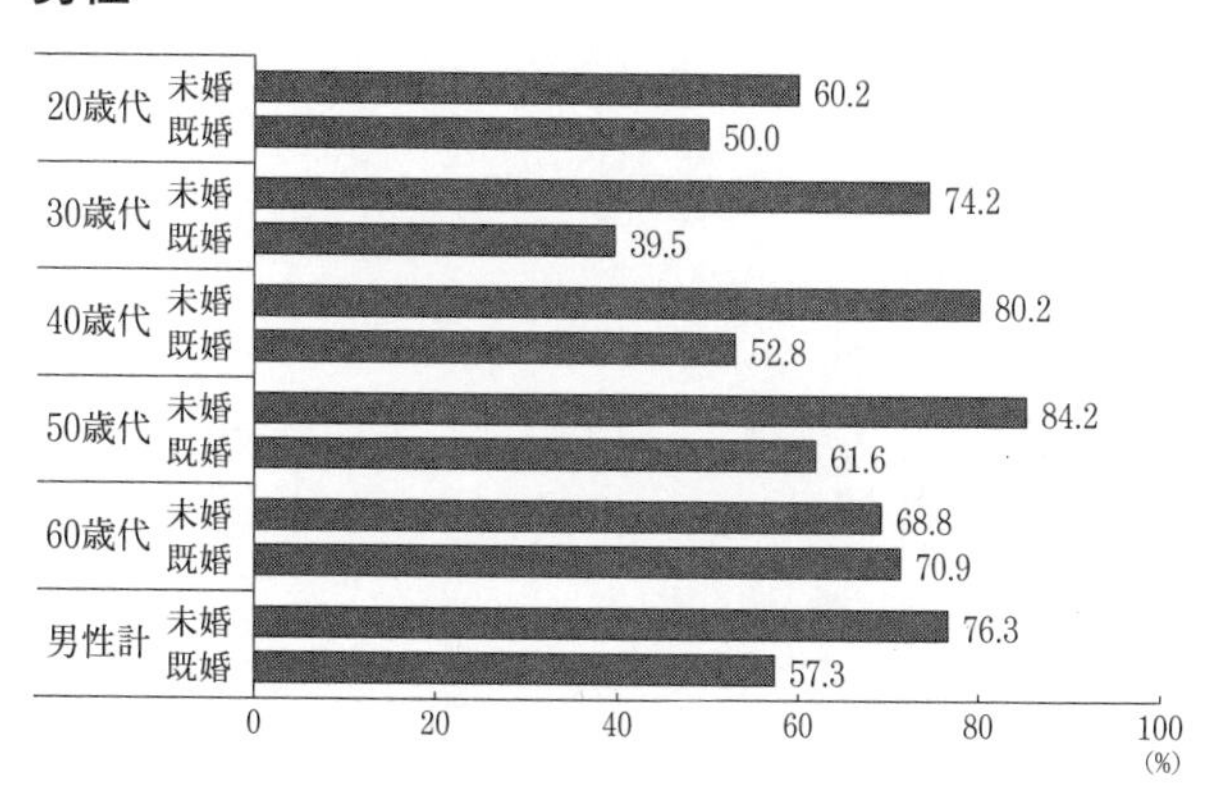

１年間に決まった交際相手以外との性交渉を持った女性

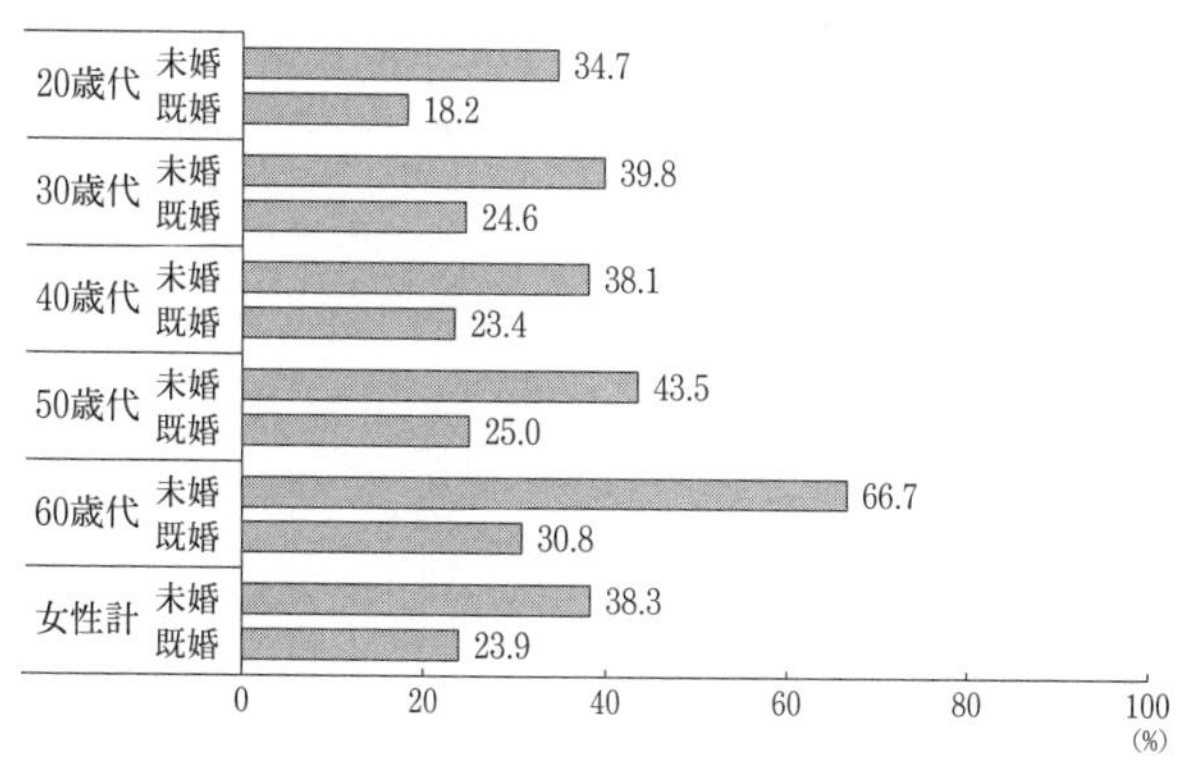

出典：JEX の『ジャパン・セックス・サーベイ』からみる日本人の性行動の実態

す。

同調査によると、「過去1年間に決まった交際相手（配偶者・恋人）以外との性的コンタクトを持った人」の割合は、男性1821名中1170名（64・3％）、女性929名中270名（29・1％）でした。なお男性の場合、未婚者は76・3％、既婚者は57・3％が特定の交際相手以外と性的コンタクトを持ったと答えています。

避妊具メーカーとして知られる相模ゴム工業株式会社が、13年に47都道府県の20代から60代の男女1万4100名に対してウェブアンケート調査を行った結果もあります。

この調査によると、結婚相手あるいは交際相手がいる人のうち、「その相手以外にセックスをする人がいるか」という質問に対し、「いない」の回答率は全体の78・7％でした。ということは、残りの21・3％は「いる」ことになります。「いる」の割合は、男女別では男性26・9％、女性16・3％でした。世代性別では20代男性が31・5％ともっとも高く、女性でもっとも高いのは40代の19％でした。

これらのアンケート結果を信じるならば、日本社会には発展途上国並みかそれ以上に不倫が横行していることになります。

結婚相手・交際相手がいる方に対して「そのお相手以外にセックスをする人はいますか？」

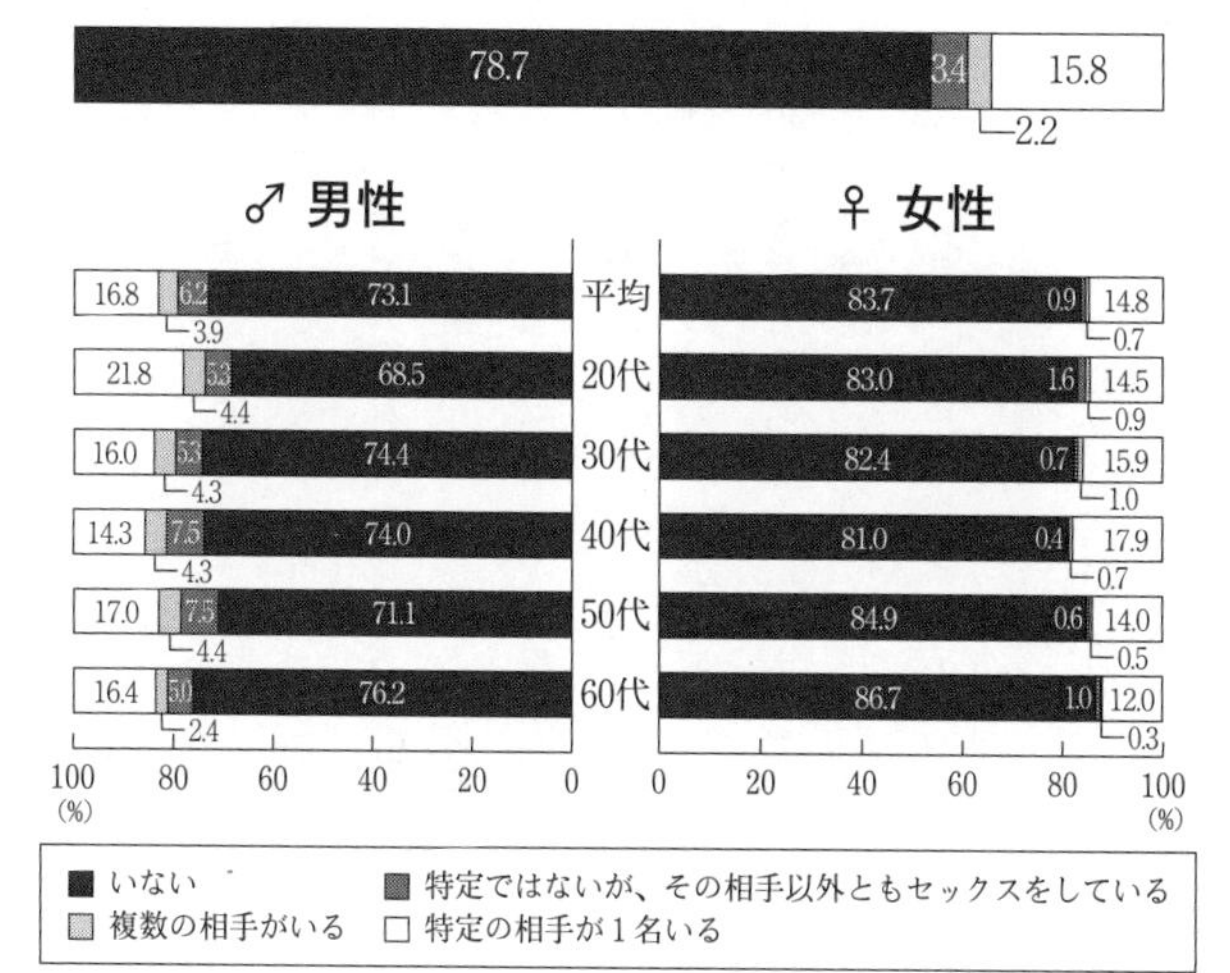

出典：相模ゴム工業株式会社「ニッポンのセックス」
http://www.sagami-gomu.co.jp/project/nipponnosex/

不倫率が高いのに不倫バッシングも強烈な日本

たとえば殺人率は、世界で最も治安が悪いとされる中米のエルサルバドルでも、人口10万人あたりで約108人、つまり0・1%しかありません（2015年調査）。

一方、統計データを見るかぎり、不倫はどれだけ少ない国でも殺人の100倍くらいはあります。つまり不倫は人類社会ではありふれた行為といえるでしょう。

もっとも、性に関する調査はセンシティブなため、信頼性への疑問がつきまといます。こうした調査への回答に抵抗がない人たちが、もともと性的にオープンかつアクティブであることは否定できません。結果として、実態からかけ離れた高い数値が出るといったことが、学術的な調査ですら過去になかったわけではありません。

ウェブ以外の調査も見てみることにしましょう。

40代以上に限っての調査ですが、日本老年行動科学会が2011年1月から12年12月にかけて関東圏在住の40歳から79歳までの男女（有配偶者の回答者は男性404人、女性459人）を対象に調査票を配布して集計したデータがあります（日本性科学会セクシュアリティ研究会編『セックスレス時代の中高年「性」白書』）。

この調査によると、「配偶者以外の異性と親密な付き合いがある」と答えた人の割合が、男性では40代38％、50代32％、60代29％、70代32％、女性では40代15％、50代16％、60代15％、70代５％でした。

「親密な付き合い」と言っても必ずしもセックスをともなうとは限りませんが、同じ調査で、愛撫や性交をともなう関係に限った数字も出ています。こちらは、男性では40代29％、50代30％、60代20％、70代17％（ただし性風俗の利用も含む）、女性では40代14％、50代10％、60代５％、70代１％でした。

興味深いのは、00年に行われた同様の調査と比較すると、男女ともに「配偶者以外の異性と親密な付き合いがある」と答えている人の割合が軒並み増加していることです。若者の草食化が指摘される一方で、既婚の中高年では異性との関係が積極的になってきているようです。

いずれにしても、どの調査をとってみても、日本はおそらく世界の中では不倫率が高い部類の国だろうことが予想できます。日本社会はとくに近年、不倫が発覚した著名人に対するバッシングが凄まじいわりには、実際には社会のそこかしこで不倫がおこなわれているという、まことに不思議な状態にあると言えます。

性的な自由を奪った家父長制度

そもそも一夫一婦制は、人類にとって当たり前のことなのでしょうか。

人によっては、1人の人間がただ1人の特別な相手とだけ性的な絆を結ぶというかたち以外の婚姻の形態――一夫多妻、一妻多夫、多夫多妻など――に対して、生理的な嫌悪を抱くかもしれません。

しかし人類の歴史を振り返れば、一夫一婦制以外の婚姻形態はけっして珍しいものではありません。

たとえば、日本における婚姻形態の変遷を見てみましょう。

古代社会では、男女ともに複数の相手と交わることがありました。『万葉集』には「魂（たま）合へば相寝るものを」（惹かれ合ったら、一緒に寝るものなのに）などとあり、恋愛と性愛が直結していたことがうかがわれます。もっとも、当時の結婚制度自体が現在のようなものではなかったことは差し引かなければなりませんが、人妻との恋すら、厳罰の対象となるものではありませんでした。今日では当然のこととされている「特定の異性と交際しているときは、別の異性と交際してはいけない」という規範はなかったのです。

そうした状況が大きく変化したのは、中世から近世にかけて、結婚に親（家）が関与するようになって以降であると考えられます。この時代には男女ともに結婚の決定権を握るのは両親（とくに父親）になり、「血統、家を守る」という価値観にもとづく男性優位の家父長制度が成立していました。

その結果、夫婦関係は互いに恋愛感情を抱き、肉体的な快楽を分かち合うための結びつきというより、「子孫を残し、家を残すための契約」に近い関係となります。人妻との姦通に対して、暴力的な制裁がなされるようになったのもこの頃のようです。

ただし社会階層が高い権力者などの間では、跡継ぎを残し、権力基盤を確固たるものにするため、一夫一婦よりもむしろ一夫多妻が推奨されていました。「世継ぎができなければ、夫は妻を替えていい」という考えがあったのです。

その一方で、天皇家をはじめ、摂関家や将軍家、公家でも、位を継承する男子以外は独身のまま出家することも少なくありませんでした。また、彼らの労働力であった下人も、中世前期までは基本的に単身者であることを求められていました。江戸時代でも、商家の男性奉公人や下層民などには結婚できない独身者も多かったと見られています。

さらに時代が下って明治（近代）に入ると、法律上は一夫一婦制が基本になります。それでも、地位のある男性が愛人を持つことはしばしば見られました。女性側には姦通罪が適用されましたが、現在のように社会的制裁としての国民大多数を巻き込むような不倫バッシングが起こることはありませんでした。明治には江戸時代には禁止されていた異なる身分間での結婚についての規制が解かれ、士族と平民、日本人と外国人の結婚が自由になっています。

そして、1880年代に「恋愛」という言葉が翻訳語として生まれ（それまでは「色」「恋」などと呼ばれていました）、大正時代には親の決めた相手と結婚するのではない恋愛の自由、結婚の自由が謳われるようになりました。しかし、「親の強制」とまではいかないけれど恋愛結婚ともいえない「お見合い結婚」も、1920年代頃から一般的になっていきます。

一方、近代に入ってからも、日本各地には「夜這い」の風習が残っていました。たとえば、祭りなどのある一定期間、村落全体で女性の性を解放したり、娘や後家、女中だけを解放したりすることで、共同体を結合、維持させる働き――日頃のつらい労働に対するガス抜きや、不妊の夫をもつ家庭に労働力としての子どもをもたらす機能――を果たしていたと考えられています。また同時に、生物集団の存続や遺伝的多様性の保持にも大きく寄与していたと考えられます。

こうして歴史を振り返ると、結婚制度とは別に、性欲を満たしたり生殖を促す仕組みが、かつては日本社会にも備わっていたことが窺えます。

伊藤野枝……結婚制度を否定した女性

近代になって性的な自由度が低下した日本社会ですが、その同時期に花開いた日本文学と社会運動を語る上で、不倫の二文字を避けては通れません。

作家・翻訳家のかたわら女性解放運動家として活躍した伊藤野枝（1895〜1923）は、まさに恋愛に身を捧げた生涯を送りました。

結婚制度を否定した伊藤野枝

福岡県に生まれた伊藤は猛勉強の末、東京・上野の女学校に進学します。しかし、実家が勝手に結婚相手を決めてしまい、当人不在のまま結婚式まで済ませていました。まさに家父長制度下の結婚を強いられたのです。

そんな結婚に反発した伊藤は、婚家に入ってわずか8日で出奔して上京し、女学校時代の英語教師・辻潤と同棲を始めます。じつは辻とは女学校時代から肉体関係を持っていたのです。伊藤は同時期に、平塚らいてうが主宰する女性文学集団「青鞜社」に出入りし始め、与謝野晶子、岡本かの子らの知遇を得ます。辻との間に2人の子も生まれます。

しかし、辻が伊藤の従妹と性的関係を持ったことをきっかけに、2人の間には亀裂が入ります。平塚をはじめとする青鞜社の面々はいずれも情熱的な恋愛エピソードで知られ、スキャンダラスに報じられもしましたが、伊藤はさらにその上を行きました。

伊藤は辻と子どもを捨ててアナキスト大杉栄のもとに走ったのです。大杉にはすでに内妻と愛人がいましたが、伊藤はそこに割って入りました。そして、泥沼の「四角関係」になるのです。

凄まじい愛憎が渦巻くなか、大杉は内妻と離別。また、愛人の神近市子が大杉を刃物で刺すという事件が起こり、神近は殺人未遂罪で投獄されます。なお、神近は当時、東京日日新聞の記者でしたが、戦後は政治家に転身し、売春防止法の成立などに尽力します。

結果として、伊藤は大杉の唯一の女となり、5人の子を出産。それでも伊藤は落ち着くどころか、結婚制度否定論を雑誌に寄稿するなど、ますます過激な活動に走っていきます。彼女の奔放すぎる言動は、必然的に官憲の目を引くこととなりました。

そして１９２３年９月。大杉らとともに憲兵に連行された伊藤は、激しい暴行を受けた末、亡くなりました。わずか28年の生涯でした。

現在では考えられないほど封建的で女性の地位も低かった当時、伊藤はメディアの格好の餌食となり、彼女の言動はいちいち報じられ、娯楽として衆人に提供されました。また、彼女の子どもや家族も奇異の目で見られ、差別されたといいます。

しかし、伊藤はその短い生涯において多数の作品を遺し、後世に大きな影響を与えました。彼女のエネルギーの源泉は性愛にあり、不倫関係さえも活力にして行動したのです。

一夫一婦は〝グローバルスタンダード〟ではない

日本以外の国や地域を見ても、歴史的に一夫一婦制以外の形態を取っていた、あるいは現在も事実上許容している社会は珍しくありません。たとえば、イスラム圏では一夫多妻が認められていることはよく知られています。

アメリカの人類学者Ｇ・Ｐ・マードックは著書『社会構造』（１９４９年刊）において、世界に２３８ある人間社会のうち、単婚（一夫一婦婚）のみが許されている社会は、43だけだと指摘しています。また、フランスの哲学者ジャック・アタリの著書『図説「愛」の歴史』（原書房、２００９年刊）には、ブラジルのグアヤキ族、インドのラダク族、チベットの一部、中国雲南省に住む少数民族ナーシー族など、現存する一妻多夫の地域が多数紹介されています。

また、よくよく考えれば、現在の日本をはじめとする先進国の社会制度は、本当の意味での一夫一婦制を前提としてはいません。現在結婚している人が別の誰かと恋愛すれば、「不倫」となります。しかし、伴侶を亡くしたり離婚をした場合、「時間差」があれば、再婚は許されています。時間差があれば他の異性と結婚することができる制度は、狭義の「一夫一婦」ではありません。

再婚を社会的に許容している以上、「ひとりの相手を愛し、パートナーとして選んだら、終生その相手との関係性を保持し続けるべきである」という感覚を、私たちは社会倫理とはしていないとも言えます。

「一夫一婦」を守り続けるプレーリーハタネズミ

哺乳類の大多数は一夫一婦型ではありませんが、一度パートナーを決めた後、その相手以外を愛せないタイプの生物も存在します。

たとえば北米の草原に、プレーリーハタネズミ（学名・Microtus ochrogaster）という小型の哺乳類が生息しています。このプレーリーハタネズミは、「一夫一婦」を保持し続ける生物として有名です。

プレーリーハタネズミは、オスとメスが結ばれると、24時間あたり15回から30回の頻度で交尾をくりかえし、その後も互いにぴったり寄り添い、毛繕いするようになります。オスは夫婦関係ができる以前は穏やかな性質ですが、特定のメスと結ばれた後、そのメス以外のプレーリーハタネズミを見つけると、オス、メスを問わず激しく攻撃するようになります。

一夫一婦をかたくなに守るプレーリーハタネズミ

彼らはいったん「つがい」ができると、終生そのパートナーと添い遂げます。人為的にオスとメスを引き離し、他の異性を与えても、新たなカップルはなかなかうまくいかないこともわかっています。さらにはパートナーが死去した後、他の異性から求婚されても、それを攻撃して退けるほどです。人間では結婚後数年経つと夫婦関係が冷め切るのは珍しくありませんが、プレーリーハタネズミの夫婦関係は、ずっと冷めずに続くわけです。

また、プレーリーハタネズミのオスは子育ても積極的に担います。子どもが生まれると、オスはその巣に食べ物を献身的に運びます。またメスが巣の外に出るときには、子どもに寄り添って毛繕いをし、守ってやるのです。

プレーリーハタネズミのような一夫一婦型の性行動を取るのは、哺乳類では3～5％しかいないと言われています。かつては多くの生物が一夫一婦型だと思われていた時代もありましたが、研究が進むにつれ、生物の世界において一夫一婦型は多数派ではないことがわかってきました。

オスもメスも盛んに不倫をするルリオーストラリアムシクイ。左がオス

しかも、「1匹のオスを中心に多数のメスがハーレムを形成する」といった一夫多妻のケースだけではなく、いわゆる不倫、乱婚をする生物も多く存在します。

たとえばユーラシア大陸から日本にかけての高山帯に広く分布するイワヒバリという鳥は、オスとメスが複数個体ずついる群れで生活し、メスがそれぞれ巣を作ります。しかし、イワヒバリのメスは群れの中のほぼすべてのオスと交尾をします。そのため、オスはすべてのメスの巣にエサを運ぶのです。

また、オーストラリア大陸南東部には、ルリオーストラリアムシクイというとても美しい小鳥が分布していますが、この小鳥は非常に「不倫率」が高いことでも知られています。ルリオーストラリアムシクイは一夫一婦のつがいを形成するものの、オスもメスも盛んに他の異性と交尾をします。そのため、なんと8割近くのつがいが他のオスのDNAを持つヒナを育てているのです。

乱婚のメスのほうが生殖力が強い？

また、アメリカ中西部の乾燥地帯に生息するガニソンプレーリードッグのメスは、発情中に複数のオスと交尾します。1匹のオスと1回の交尾しかしないメスより、〝好色〟なメスのほうが受精率が高くなり、結果として多くの子孫を残せるという傾向があります。ロンドン大学インペリアルカレッジ研究員でサイエンスライターでもあるオリヴィア・ジャドソンは、総じて乱婚のメスのほうが、健康な子孫を多く産む傾向にあると指摘しています。

人類に近い他の霊長類をみても、必ずしも一夫一婦型ではなく、むしろ大部分は一夫多妻です。ゴリラは一夫多妻、チンパンジーやボノボ、オランウータンは乱婚です。ゴリラは群れのなかでオス同士が戦い、勝った1頭のオスが群れのメスを守ることができます。

チンパンジーなどが乱婚になったのは、群れの中で戦うよりも、結束して行動をした方が適応度が高いためである可能性があります。チンパンジーはメスが発情すれば、オスはメスと次々に交尾をし、メスも手当たり次第に違うオスを受け入れます。

一方、一夫一婦型に近いと言われる霊長類にはテナガザルがいます。テナガザルは群れを作らず、単独行動でも生きて行けたために一夫一婦型が可能なのだと考えられています。また、研究が進むにつれ、同じテナガザルでもシロテテナガザルなどは「社会的一夫一婦型」であり、厳密な意味での一夫一婦型ではないことがわかっています。

霊長類においては同性愛もけっして珍しいものではありません。ゴリラやオナガザルの一種であるラングールはオス同士での交尾を好み、ニホンザルはメス同士が交尾し、ボノボは雌雄を問わず同性同士で交尾することがあります。ただし同性で交尾しても異性愛を阻害するわけではありません。また、メスが妊娠しても、同性との交尾をやめません。ボノボに関しては同性間・異性間とも、交尾によって仲間の絆を深めているという見方もありますが、それ以外の霊長類に関しては、たんに快楽を求めているだけだという説もあります。

いずれにせよ、特定のパートナー以外との性行為をすることは、生物界では普通のことです。むしろ一夫一婦型のほうが珍しい変わり者と言えます。

精子間競争

霊長類の乱婚の度合いは、オスの睾丸の大きさ、言いかえれば精子の生産能力と強い相関関係があることがわかっています。

たとえばチンパンジーは、1頭のメスが7、8頭のオスと1日10回以上にわたって乱交することもざらにあります。するとオスは、メスの体の中で他のオスの精子に勝たなくてはなりません。競争に勝つためには、大量の精子が必要になります。これは精子間競争と呼ばれます。

乱交するチンパンジーの精巣は、人類の約3倍の重量があります。睾丸の重さの体重比もチンパンジーは0・2〜0・8％と言われていますが、人間は0・06％です。なお、同じ類人猿でもゴリラの場合はメスが基本的に1頭のオスとだけ交わるため、オスのゴリラは睾丸もペニスも身体と比べると非常に小さいものになっています。

マンチェスター大学のロビン・ベイカーとマーク・ベリスは１９９５年、人間でも精子間競争が起こっていることを示唆する実験結果を得ています。彼らは複数のカップルにコンドームを渡し、セックスの際の男性の精液を回収しました。同時に、そのカップルが次のセックスの時までに一緒に過ごしていた時間の長さも調べました。その結果、一緒に過ごした時間が短いカップルほど、次のセックスの時には男性の精子が多く放出されていたのです。これは、カップルが離れていた時間に女性が別の男性とセックスをした可能性を無意識に考慮し、精子間競争に勝つために男性側が多数の精子を送り込もうとするシステムが働いているためだと考えられます。一緒に過ごした時間が長い女性とのセックスにおいては精子の量が少なかったのは、他の男性に負ける心配がないからでしょう。

なお、オス同士の競争は、精子の生産能力以外においてもあります。たとえばロリス類という霊長類は巨大なペニスを持ち、異様な形状をしていますが、それは自分より前に交尾したオスの精子をメスの膣から掻き出すためだとみられています。オーストラリアの生殖生物学者R・V・ショートの調査では、霊長類のオスのペニスの大きさは、ゴリラは3センチメートル、オランウータンは4センチメートル、チンパンジーは8センチメートルです。対してヒトは13センチメートルあり、他の霊長類に比べて相当に大きいといえます。やはり人類の祖先のオスも、メスが浮気していることを前提として、他のオスの精液を掻き出す方向に進化してきたのではないかと考えられます。

　こうした点から検討してみても、人類の祖先は一夫一婦型の性生活を送ってこなかったと考えるほうが自然ではないでしょうか。もし人類が性的に貞淑で、パートナーを奪われる心配がないのであれば、精子間競争に勝つための機能など必要なかったはずです。

　ただし、人類の祖先が一夫一婦であったことを示唆する論考もあります。

　たとえば、オスとメスの体重差です。一夫多妻のゴリラのオスの体重は、メスの2倍あります。ゴリラはメスをめぐってオス同士が激しく争い、勝ち抜いたリーダーがメスを独占し、群れを守るため、大きな身体が必要だったのです。一方、一夫一婦型の生物は、オスとメスの体格差がそれほどない傾向にあるとされています。人類の男女の体格差は、ゴリラほどではありません。これを根拠に「人類はもともと一夫一婦型だった」とする意見もあります。

　しかし、一夫一婦型ではない乱婚型の霊長類でも、オスの身体は特別大きくないのです。チンパンジーやニホンザルも、オスとメスの体格差はほとんどありません。となると、やはり、オスとメスの体格差だけで一夫一婦か乱婚かを議論することは難しいと言えるでしょう。

一夫一婦制が繁殖に有利な場合とは？

そもそも、なぜ生物は一夫一婦だったり乱婚だったり、全く異なる繁殖システムを持っているのでしょうか？

ひとことで言えば、ある生物が現在の生殖スタイルに至ったのは、そうした方が環境に適応的だったからです。つまり、効率的に生き残り、繁殖するためには、今のような生殖スタイルが優れていたのです。

一夫一婦制がその生物にとって一般的な戦略となるのは、乱婚であるよりも、1対1の夫婦関係を保った方が、たくさんの子どもを残せる場合です。多くの鳥類が、実際は「つがい外交尾」（人間で言えば不倫）をしているにもかかわらず、一夫一婦型を採用しているのは、1対1の夫婦共同生活を送った方がヒナが死ににくく、繁殖しやすかったことの結果です。

なぜその生殖スタイルに至ったのかを考えるには、その生物がどんな環境で生きているか（生きてきたか）を見る必要があります。

たとえば、昆虫や深海生物では、オスよりメスの身体の方が大きい例が多く見られます。

一例を挙げてみましょう。深海魚ミツクリエナガチョウチンアンコウは、メスが体長40センチメートルなのに対し、オスは1～7センチメートルしかありません。オスは精巣だけが発達しており、メスの体に噛み付いてメスの体から栄養を吸い、精子を放出するための道具として生きるのです。そして交尾後は、やがてメスの体に吸収されて消えてしまいます。

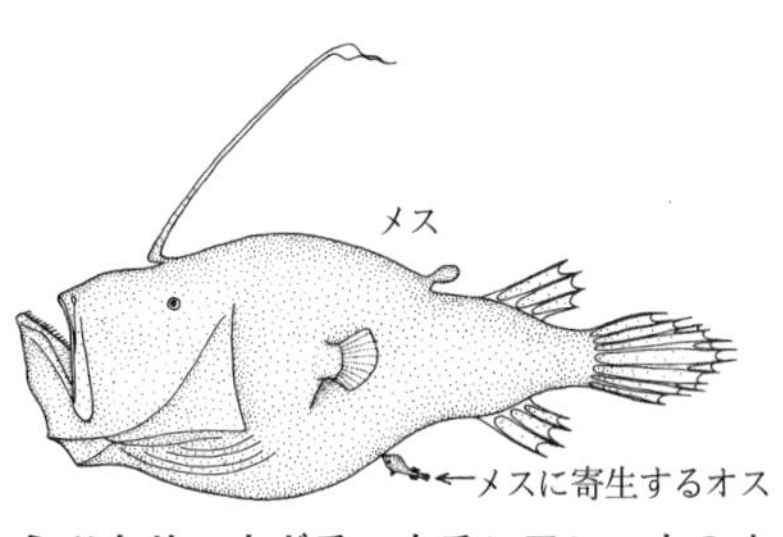

ミツクリエナガチョウチンアンコウのオスとメス

なぜミツクリエナガチョウチンアンコウは、そのような繁殖行動をとるのでしょうか。

深海は栄養に乏しい環境ですから、たくさん子孫を増やすことを考える以前に、まず生き残る必要があります。そこで、子どもを産む側であるメスに種族としてのリソース（資源）の大半を偏らせ、なるべく生き残れるような戦略を選択したのだと考えられます。

厳しい環境ですから、オスとメスが出会えるチャンスも限られています。オスは出会ったメスを手放してしまうと、次に生殖できるチャンスに恵まれるとは限らない。だから、オスは精子を作る装置に特化してメスに寄生し、メスと融合して一生を終えるという方向に進化してきたと考えられます。

「農耕」「性病」が一夫一婦制の根底にあった

人類の生殖システムを、生存戦略という観点から考えてみましょう。

――もともと人類の祖先は一夫一婦型ではなかったが、有史以前のある時期、何らかの大きな出来事があり、一夫一婦型の婚姻形態をとることによって男女が長期的な協力関係を作る（つがいを作って共同生活する）ほうがメリットが生まれるようになった。そのため、人類の多くの共同体では、現在のような一夫一婦制をとるケースが増えてきた――そのように考えられます。

では、何がきっかけとなって人類は一夫一婦制を積極的に採用したのでしょうか。

人類が一夫一婦制を選択するようになったきっかけとして、農耕と性感染症（性病）が原因だとする研究もあります。

カナダのウォータールー大学のクリス・バウフ教授（応用数学専攻）らの研究チームは、人口統計学と疾患伝播のパラメーターを用いた数理モデルを構築し、シミュレーションを行いました。

彼らは論文において、「人類の祖先は狩猟採集生活をしていた頃は一夫多妻だったが、農耕を始めて集団定住するようになった後、性感染症の大流行に見舞われた。そのため、同じ相手と一生添い遂げる方が、公衆衛生的な観点から集団の維持に有利になり、一夫一婦制が定着するようになった」と推測しています。

彼らのシミュレーションによれば、狩猟採集生活に適した30人以下の小規模な集団では、性感染症は短期間の集団発生にとどまり、出生率低下にはつながりませんでした。

しかし、農耕を営むのに適した３００人以上の集団では、ひとたび性感染症が流行すると、個人の生殖能力だけでなく集団全体の繁殖率に深刻な悪影響を及ぼし、出生率が低下するという結果が出たのです。彼らはここから、農耕の成立と性感染症流行が一夫一婦制への移行に関連している、と結論づけたわけです。

この仮説は裏を返せば「性感染症が予防でき、十分に繁殖が可能なのであれば、一夫一婦制である必然性はない」とみることもできます。

また、「貞操」という概念はもともと人類が自然発生的に持ちえたものではなく、農耕を営むようになって一夫一婦制が確立された後に、〝後付け〟で付与された倫理観ではないかと考えられます。

子育てのコストから夫婦関係を考える

人類はさまざまな生物の中でも、子どもを育てるコストが相当に高い部類に入ります。「子育てのコスト」というと金銭的なコストをイメージされる方が多いかもしれませんが、それだけではありません。親は子に対して多大な時間資源を投じなくてはなりません。

「成人」の定義を「生殖機能を備えて次の世代を作れるようになること」としても、生まれてから十数年かかります。これは世界中どこの人間社会であっても、それほど変わりません。昔は6歳ほどで労働力としてカウントされ、大人とほとんど同じ扱いを受けていた時代もありましたが、ほとんどの国で初等教育が義務化された今日では、早くとも第2次性徴を迎えるくらいまでの生後十数年にわたって、子どもは周囲の大人に頼って生きていきます。日本では20歳で成人ですが、それでも完全に親から独立している子どもは少数派でしょう。

ただし、子どもの面倒を見る時間的コストを誰がどのくらい担うのかは、環境条件によって変わってきます。母親に重い負担がかかるのか、両親ともに重い教育的義務を負うのか、社会全体・集団全体がそれなりにコストを負担するのかは、環境条件や社会状況によって違います。温暖で食物が簡単に入手できる豊かな環境では、子どもはさほどコストをかけずともある程度は子ども自身の力で生存できるため、乱婚に近い生殖スタイルの方が適応的になります。

女性が男性の経済力に頼らなくてもいいほど豊かな環境であれば、男女ともに、ひとりの相手と添い遂げるよりも、もっと良い相手を求めてさっさと次に移ったほうが子孫をたくさん残せます。

実際、ブラジルのアマゾン南部の盆地に住む先住民ムンドゥルク族や、同じくブラジル北部からベネズエラにかけてのアマゾン奥地に住むヤノマミ族は、原始的な採集や狩猟だけで食物をまかなえる環境に生きているため、多夫多妻、あるいは乱婚をよしとする社会を構築しています。

彼らの社会の伝統では、すでに妊娠している女性が複数の異なる男性と性交渉を持ちます。そうすることによって、男たちは生まれてくる子どもに「何かを与えた」とみなされ、遺伝子的には自分の子どもではなくても、その子どもの子育てに貢献しなければならないと考えるようになるそうです。

アメリカ・ワシントン州のエヴァーグリーン・ステート・カレッジの歴史・家族学教授ステファニー・クーンツは、富や地位の格差が大きく、それらが子どもに受け継がれる社会は女性の貞操に厳しい傾向があると指摘しています。また、アマゾンの先住民の事例のように苦労せずに生きる糧を入手でき、資源（リソース）をため込むよりも共有するほうが重要な社会の場合には、配偶者の関係性は1対1から遠ざかる（つまり、一夫一婦制ではなくなる）とも指摘しています。

厳しい環境では「多夫一妻」に

一方、生存そのものが過酷な貧しい環境では、両親が連携して子育てしなければいけません。片親だけで暮らしていくのが大変だとなれば、なるべく夫婦の協力関係を維持し、一緒に生活することを選ぶでしょう。

また、子どもを放っておいたら死んでしまう状況ならば、自分の遺伝子を残したい親たちは、必死で面倒を見ます。すると、一夫一婦制の方が有利になります。

もっと極端に厳しい環境の場合は――人間社会ではきわめて少ないですが――多夫一妻になると考えられます。リソースが乏しく、ひとりの男性では妻子を扶養できなくても、

2人以上でならばできる場合に、多夫一妻は採られています。

その数少ない例として、ヒマラヤ山脈とカラコルム山脈に挟まれた山間に住むラダク族が挙げられます。ラダク族では、複数の夫を持つ女性が平均5・2人の子どもを産んでいる一方、1人しか夫を持たない女性は3・1人でした。多夫一妻社会では、1人の妻を2人以上の兄弟が共有することがほとんどです。これは、兄弟ならば遺伝子を半分共有しているので、兄または弟の子であっても自分の遺伝子のいくらかは次世代に受け継がれるためではないかと考えられています。

また、北極地方の先住民イヌイットは、異なるコミュニティに住む家族同士が夫婦交換(共同婚)をすることで血縁のつながりを増やし、互恵的な関係を築くことで自身と集団の生存確率、また子孫を残す確率を高めています。

厳しい環境を生き抜くため、女性の側になるべくリソースを集中させるという戦略は、先に紹介した深海魚ミツクリエナガチョウチンアンコウと共通の構造と言えるでしょう。

一夫多妻は「男性が得する社会」ではない

では、人類社会において「一夫多妻」になるのは、どんな場合でしょうか。

一夫多妻とは、父親は子育てにかかる時間的・情緒的なコストをあまり払わず母親に任せる代わりに、経済的なコストは父親が全面的に負担する様式だと言えます。これは、片方の親だけが子どもの面倒を見ればなんとかなる水準の社会、ないしは、片方の親だけが子どもの面倒を見た方がむしろ子孫が増やせる社会に適応的です。極端に豊かでも貧しくもないけれど、貧富の格差がある環境では採用されやすい制度です。

人類が長らく過ごしてきたのは、一夫多妻制が繁殖に適応的になる条件の環境だったのでしょう。

こんなことを言うと「お前は浮気男の味方か！」と怒ってこの本を閉じたくなる女性もおられるかもしれません。また、男性の中には喜ぶ人も少なくないと思います。

しかし、それは大きな勘違いです。

たしかに、歴史的には多くの社会で、男性の不貞は罪に問われず、女性の姦通は重罪とされてきました。そうした女性差別は、今日では許されるものではありません。

ただし、社会制度としての「一夫多妻婚」は、単なる浮気——不倫や婚外セックス——とは、わけが違います。男性にとって、むしろ厳しい条件が突きつけられるものなのです。

たとえばムスリムには一夫多妻が認められていますが、コーランには「すべての妻を公平に扱いなさい」と書いてあります。多くの妻の扱いに差別が生じれば嫉妬が生まれ、女同士で争い、あるいは夫に対して事件を起こすに決まっています。

つまり一夫多妻においては、男性は女性たちの嫉妬による諍いや財産をめぐる争いをマネジメントできなければなりません。それなりの人格とマネジメント能力が求められるものであり、いい加減な浮気男では、多くの妻を娶(めと)るのは無理なのです。

もっとも、イスラム圏以外で一夫多妻がおこなわれている場合、大抵は「第1夫人」と「それ以外」を分けており、すべての妻が平等に扱われているケースは少ないようです。正妻と愛妾の争いは、ときに歴史を変えてしまうほどにまで発展することもあります。

実は男性にとって、一夫多妻は一夫一婦よりもはるかに面倒でストレスフルな制度なのです。多くの女性を心理的にも肉体的にも満足させ、些細な面倒事にも嫌がらずに対応し、妻たちの信頼を勝ち得なければならない。そもそも多くの妻や子を養えるだけの経済力がなければ、一夫多妻型の家を維持するのは不可能です。

実際、一夫多妻が認められている地域、社会でも、複数の妻をもつ男性は10％にすぎず、その社会でもっとも豊かな階層の男性たちに限られています。

また、未婚男性が妻を娶るよりも、すでに妻がいる既婚男性が新たな妻を迎える可能性のほうが高くなる傾向にあります。なぜなら金銭的に余裕がない男性よりも、子どもを安心して育てられる経済力を蓄えている男性のほうを、女性は選ぼうとするからです。

つまり一夫多妻制の社会とは、一握りの「一夫多妻生活を送る男性」と、その他多くの「生涯未婚の独身男性」からなる「男性格差社会」なのです。

女性の負担を軽減するシステム

ここまで述べてきたように、一夫多妻はけっして男性にとってのパラダイスというような仕組みではありません。

たとえばゴリラの社会をみても、それは明らかです。前述したようにゴリラは一夫多妻のハーレムを作りますが、オス同士の激しい戦いに勝利したナンバーワンのオスだけが、メスを独占することが少なくありません。敗者はナンバーワンの目の届かないところでメスとこっそり交わるくらいしか許されず、それすらできない余り者のオスは、子孫を残せず生涯を終えていきます。

人類社会でも、社会全体で一夫一婦型の結婚を義務としないかぎり、一夫多妻制を認めることは、経済力のない男性が遺伝子を残せないまま死んでいく可能性を高めます。男性にとって、非常にしんどい社会なのです。

一方、女性の側からみると、一夫多妻制の社会はそれなりのメリットがあります。

そもそも哺乳類のメスは、メスに生まれただけで相当なリスクを背負っています。哺乳類のメスは、妊娠、出産、育児の負担が、他の生物と比べてあまりに重いためです。

人類でも、子どもを産み、育てるための時間的コスト、体力的コストは、男性と比べると圧倒的に女性のほうの負担が大きくなっています。

哺乳類の出産は命がけです。とりわけ人類の女性は妊娠中も直立歩行をするため、妊娠期間の負担がほかの哺乳類のメスより大きくなります。そのため、もともと人類の女性が産褥（さんじょく）で亡くなる率は、他の霊長類より高かったのです。

現在の日本社会は医療技術が発達し、医療従事者の懸命の努力もあって、乳児や母親が出産で死ぬ可能性は低くなりましたが、母子とも無事に出産を乗り越えられるのが一般的であるかのような社会通念ができあがったのは、それほど昔のことではありません。

このような女性側が抱える大きなリスクを考えると、豊かな男性に相応のコストを負担させることで、男性と女性が繁殖にかけるコストにようやく釣り合いが取れる、とも考えられます。

そのように考えるのであれば、人類にとっては一夫多妻の方が適応的であり、経済原理に適っているとみることもできるのです。

人類は一夫一婦制からの離脱へ向かうのか？

このように、人類は一夫一婦だけでなく、一夫多妻や一妻多夫、共同婚といった形態を採用してきました。どのような婚姻形態が最も生存に適応的であったかが問題であり、逆に言えば、一夫一婦制の社会はたまたまそれが適応的であったにすぎないのです。

先に述べたように、日本では中世以降、「家父長制的な価値観の下での一夫一婦制」が定着してきました。しかし戦後、憲法や民法を改正するにあたって、家父長制的な要素を排除したため、「男女平等にもとづく一夫一婦制」が根づいてきました。

一夫一婦制に合致しない振る舞い——つまり不倫——は、現代日本人の心情からすると許しがたい逸脱に見えるかもしれません。しかし、人類だけでなくすべての生物の婚姻の形態が、「生存・繁殖のために適応的」であるかどうかの1点だけで決まってきたのです。今後、人類を取り巻く環境が変わるにつれて、婚姻の形態も、その社会にとって最も適応的なシステムへと変遷してゆくでしょう。

たとえば北欧諸国は、物質的にも社会制度的にも豊かな社会を実現していますが、子育ての労力や資金は個人が全面的に負担するものではなく、積極的に社会全体で担うような制度設計を選択しました。

そのように子育ての環境が変わった北欧諸国では、婚姻形態も変化してきています。いわゆるシングルマザー、シングルファーザーを含めて、一夫一妻的でない家庭は珍しくありません。シングルマザー、シングルファーザーであっても子育てができるからです。しかも、日本で巷間言われるような「シングルマザー＝家庭崩壊、貧困」といった構図はありませんし、子育ての資金を得るためにしゃかりきになって働く必要もありません。北欧諸国の人々は、日本人よりもはるかに長く、家族で一緒の時間を過ごしています。

経済的、時間的リソースが潤沢である層が社会に一定以上いれば、生殖のために一夫一婦制にこだわる必要はなくなると考えられます。

次章では、なぜ不倫をする人としない人がいるのか、どのようなメカニズムが人を不倫に駆り立てているのか、脳科学の観点から見てみましょう。

第2章　不倫遺伝子

「貞淑」になる遺伝子、「不倫」になる遺伝子

前章で見たように、人類が一夫一婦制を選択するようになったのは、進化の大きな流れの中で見ると比較的最近のことと考えられます。また、一夫一婦制を採用したのも、農耕集団生活を営むようになった人類にとって、単にそれが生存・繁殖のために適応的だったからにすぎないと考えるのが自然です。

「一夫一婦が正しい結婚」「不倫は悪」といった倫理観は、後付けで人間社会の中に生じたものであり、もともと人類が持ち合わせていた観念とは言いにくいでしょう。

とはいえ、現代は過剰ともいえる不倫バッシングが巻き起こる時代であることもたしかです。そんな時代であるにもかかわらず、浮気や不倫が絶えないのはなぜなのでしょうか？　また、夫（妻）以外には目もくれないカタブツもいれば、懲りずに何度も不倫を繰り返す人もいるのはなぜなのでしょうか？

じつは最新の研究によって、ある特定の遺伝子の特殊な変異体（バリエーション）を持つ人は、それを持たない人に比べて、不倫率や離婚率、未婚率が高いことがわかっています。また、その遺伝子を持つ人は、性的な行動だけでなく一般的な行動においても違いがあり、たとえば「他者に対する親切な行動」の頻度が低いこともわかっています。

２０１５年3月、オーストラリア・クイーンズランド大学の心理学教授ブレンダン・ジーシュが遺伝学者や神経学者とともに、７３７８人の被験者を母集団としてＤＮＡやライフスタイルに関して調査した論文を発表しています。

その論文によると、母集団のうち、過去1年以内に特定のパートナー以外の相手とセックスした人は男性で９・８％、女性で６・４％いたそうです。

そして、その人たちの遺伝子を調べると、とくに女性に「特定の遺伝子」を持つ割合が、母集団平均より多かったそうです。この特定の遺伝子が、どうやら不倫をつかさどる「不倫遺伝子」である可能性が浮上してきました。

不倫遺伝子の正体を探る試みとして、第1章（31〜32ページ）で紹介したプレーリーハタネズミを用いた動物実験があります。

プレーリーハタネズミが堅固な一夫一婦型を保持する〝貞淑〟な動物であることは前述したとおりです。しかし、その近縁種であるサンガクハタネズミやアメリカハタネズミは、多夫多妻型の繁殖行動をとり、〝乱倫〟です。オスもメスも、多くの異性と交尾をします。

両者は外見がよく似ているにもかかわらず、なぜこのような性行動の違いが生じてきたのでしょうか？　その性行動の違いを決めているものとして、ある脳内物質と、その感受性を左右する遺伝子の存在がクローズアップされてきたのです。

「一夫一婦型」の謎に挑む動物実験

1993年、イギリスの科学誌『ネイチャー』に、興味深い実験結果が掲載されました。アメリカ国立衛生研究所の研究者であるジェイムズ・ウィンズロウ、スー・カーター、トーマス・インセルらの研究チームが、プレーリーハタネズミを用いた実験によって、脳内ホルモンの一種である「バソプレシン」という物質の活性が、哺乳類の一夫一婦型の性的振る舞いに関与していると発表したのです。

バソプレシンは多くのアミノ酸が結合したペプチド類であり、脳の視床下部で合成され、脳下垂体後葉から分泌されます。人類を含む多くの動物では、バソプレシンにアルギニンというアミノ酸がくっついた「アルギニンバソプレシン」という形態で存在します。

バソプレシンは「抗利尿ホルモン」とも呼ばれ、利尿運動を妨げる(体内の水分の流出を妨げる)物質です。これにより、体液の流出を阻止するはたらきをしています。また、血管を収縮させて血圧を上げる機能もあります。

また、バソプレシンは「オキシトシン」という脳内物質と非常によく似た化学構造を持

オキシトシンとバソプレシンは、たった2つのアミノ酸しか違っていない

オキシトシン

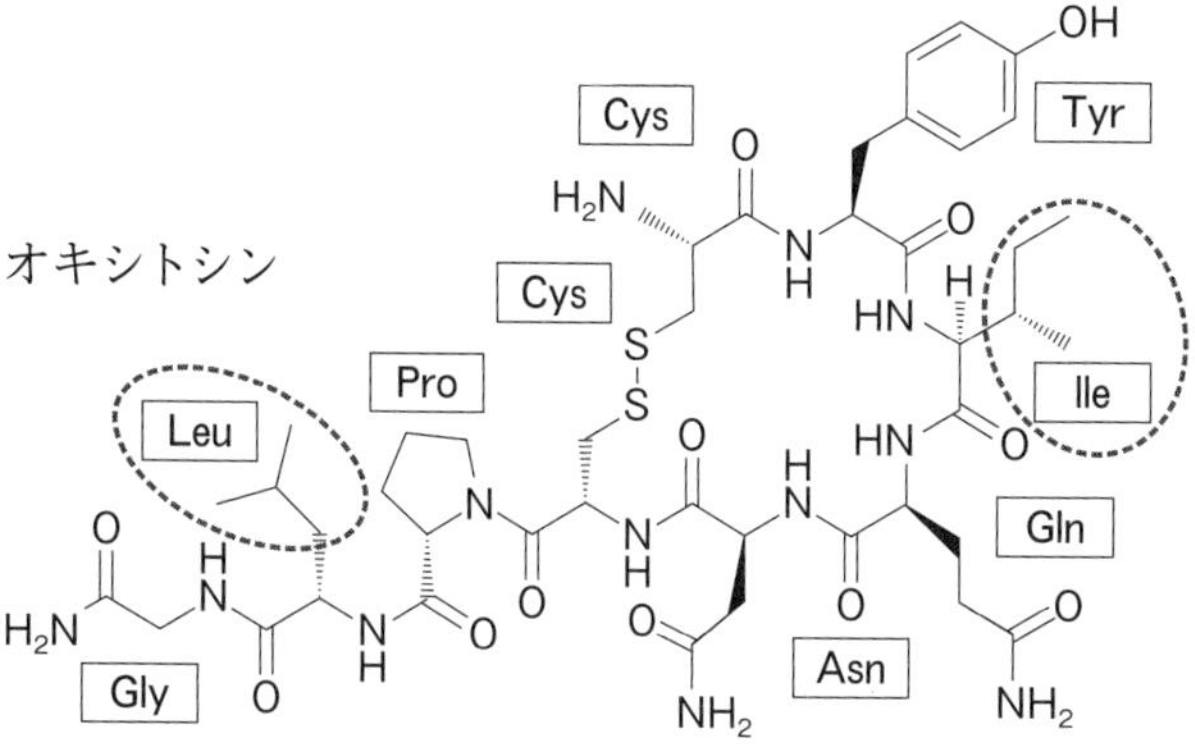

Cys Tyr Cys Ile Leu Pro Gln Gly Asn

バソプレシン

Cys Tyr Cys Phe Pro Gln Gly Arg Asn

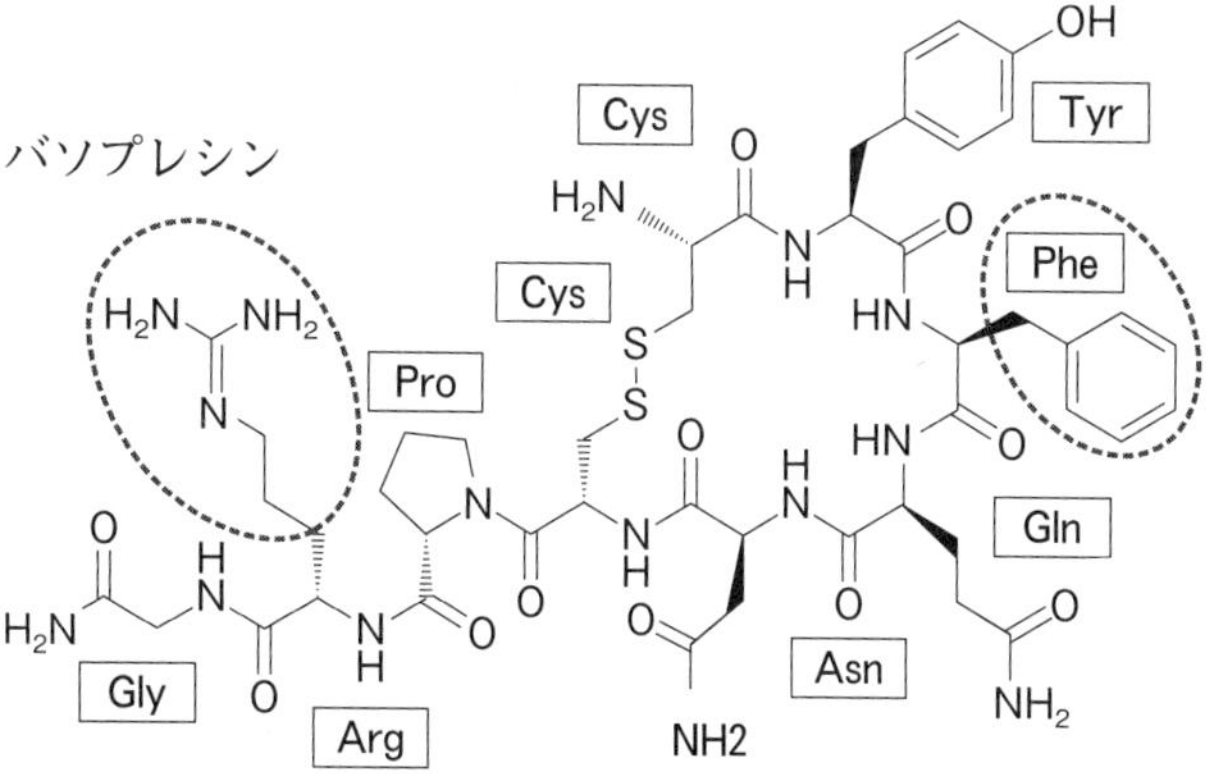

っています。オキシトシンは9つのアミノ酸がつながったペプチドですが、バソプレシンとはそのうち2つのアミノ酸だけしか違いません。オキシトシンも同様に脳の視床下部で合成され、脳下垂体後葉から分泌されます。

オキシトシンには、恋人や親子を結びつけ、不安を減らし、リラックスをもたらす作用があり、別名〝幸せホルモン〟とも呼ばれます。

一方、バソプレシンは相手に対する親切心、そしてセックスに関する情報への感受性などに関係します。また、男性が家族を守るよう動機づける作用もあります。

プレーリーハタネズミが交尾をすると、その最中にオスの脳内ではアルギニンバソプレシンが放出されます。するとオスは交尾後にそのメス以外とは交わらなくなり、見知らぬ個体が近づくと攻撃するようになります。つまり、「一夫一婦型」を保持するための行動をとるようになるのです。

また、プレーリーハタネズミのオスの脳内に、人為的にアルギニンバソプレシンを注入する実験（あるいは阻害する実験）をすると、プレーリーハタネズミの性行動が変化してくることが証明されています。

さらにその後、オレゴン健康科学大学のマリアム・オコヴァらの研究によって、一夫一

一夫一婦型と乱婚型を決めるものは何か？

一夫一婦型
プレーリーハタネズミ

AVPRの密度：高い

乱婚型
サンガクハタネズミ

AVPRの密度：低い

※AVPRの密度が高いと、
アルギニンバソプレシン
をキャッチしやすい

婦型のプレーリーハタネズミと〝乱婚〟のサンガクハタネズミでは、アルギニンバソプレシンの受容体「ＡＶＰＲ」(Arginine vasopressin receptor)の密度が違うことがわかってきました。受容体とはキャッチャーのようなもので、外部から物質や刺激を受け取り、それを情報に変換して細胞に伝達する機能を持ちます。

その研究によると、プレーリーハタネズミのほうが、ＡＶＰＲの密度が高いことがわかりました。ＡＶＰＲの密度が高いほうが、より多くのアルギニンバソプレシンをキャッチできることになります。

つまり、脳内に放出されるアルギニンバソプレシンの「量」ではなく、それに対する「感受性」の違いが、一夫一婦と乱婚の違いを生み出していることがわかったのです。

１９９９年、アメリカ・エモリー大学医学部のラリー・ヤング教授(神経科学)らの研究チームはイギリスの科学誌『ネイチャー』に発表した論文の中で、このＡＶＰＲの生成に関連する遺伝子「ＡＶＰＲ１Ａ」を操作することにより、本来は乱婚のサンガクハタネズミやアメリカハタネズミを一夫一婦型にできることを明らかにしました。

なお、プレーリーハタネズミは一夫一婦型であると紹介してきましたが、じつはオスの中では個体差があることもわかっています。

自然界では約60％のオスは生涯１匹のメスのパートナーとしかつがいにならず、頑固に一夫一婦を全うします。しかし、残りの約40％のオスは、他のメスともつがいになります。この違いもＡＶＰＲ１Ａ遺伝子の差と関連していることがわかっています。なお、プレーリーハタネズミのメスでは、ＡＶＰＲ１Ａの違いによる変化は確認されていません。

チンパンジー、ボノボ、そして人類

また、前述のエモリー大学医学部のラリー・ヤング教授とゾーイー・ドナルドソン博士はチンパンジーのＡＶＰＲ１Ａ遺伝子を調べたところ、ある発見をしました。

人類では長さの多様性がある「ＲＳ３」（反復配列３・repetitive sequence 3）というＤＮＡの塊が、チンパンジーの半数にはまったくなく、残り半数には人類とよく似たＲＳ３配列があることを見つけたのです。

反復配列とは、遺伝子のなかで決まった配列が何度か繰り返されているものを指します。基本的には、繰り返し（反復）の数が多ければ多いほど、その遺伝子が持つ傾向が強まると言われているものです。

同じくエモリー大学の付属研究機関、ヤーキス国立霊長類研究センター神経生物学室長のウィリアム・ホプキンス博士は、ＲＳ３配列の多様性が、チンパンジーの支配力や誠実さの個体差と関連していることを発見しています。ホプキンス博士は、短い型のＲＳ３を持つチンパンジーのグループと長い型を持つチンパンジーのグループを比較しました。すると、長い型を持つグループの方が、短い型のグループよりも他者への慈悲心、利他心が高いことが見出されたそうです。

さらには、アメリカ・ヴァンダービルト大学のエリザベス・ハンモックがボノボのＡＶＰＲ１Ａ遺伝子の反復配列を調べたところ、人類のＡＶＰＲ１Ａ遺伝子の領域とほぼ同じであることを確認しています。

これらのＡＶＰＲ１Ａ遺伝子の違いが、チンパンジーとボノボの繁殖行動に違いを生み出していると推測されています。そして、ＡＶＰＲ１Ａ遺伝子を見るかぎり、ボノボはチンパンジーと比べて「より人間に近い」性的傾向をもつものと推測されます。

実際、チンパンジーは子殺しやメスへのセクハラ、暴力的な傾向が見られるのに対して、ボノボは暴力性が低く、セックスを異性・同性を問わず親交を深める手段として用います。これは人間の性的志向と似通った部分であると言えます。

AVPR1A の RS3 領域

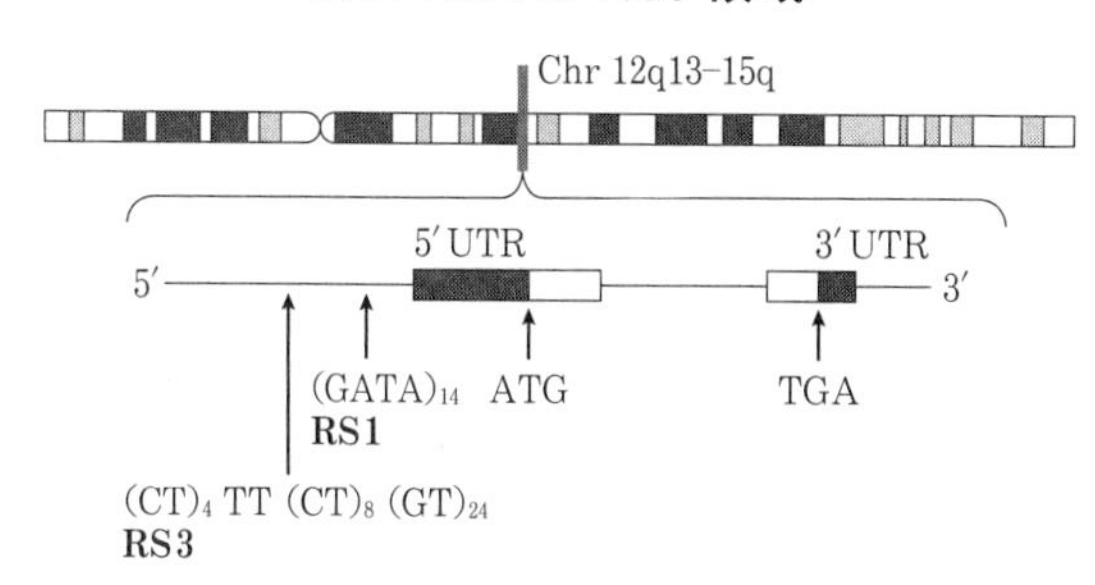

セックスに関する単語に敏感になる

バソプレシンは、ハタネズミ類のような動物だけでなく、人類の性行動にも関連しています。

たとえば、オーストラリア・シドニー大学医学部脳精神センターのアダム・ガステッラ教授が２０１１年に学術誌に発表した、こんな実験データがあります。

まず、アルギニンバソプレシンを人間の男性に投与します。投与の方法は、アルギニンバソプレシンを含んだスプレーを鼻から吸入させるというものです。

そして投与から45分後、さまざまな単語を被験者の男性に見せ、反応を比較します。

その結果、アルギニンバソプレシンを投与された男性たちは、さまざまな単語の中からセックスに関連する単語をいち早く探し出す傾向があることが判明しました。アルギニンバソプレシンが、性的な刺激に対する認識を強めることが明らかになったのです。

バソプレシンは人類の男性の警戒心や攻撃性、勃起や射精に強く関係していることも明らかになっています。バソプレシンはアンドロゲン（男性ホルモン）と影響関係にあります。つまり、男性は女性よりバソプレシンに敏感なのです。

一方、女性のほうは、エストロゲン（女性ホルモン）がオキシトシンへの感受性を高めることがわかっています。１９７９年、ノースカロライナ大学の精神医学者コート・ペダーセンが、発情期のラットのメスに対する実験から、エストロゲンがオキシトシン受容体の密度上昇を引き起こすことを確認しています。

「不倫型」が人口の約5割もいる理由

先に述べたように、ハタネズミ類の場合、アルギニンバソプレシンの受容体「ＡＶＰＲ」の密度の違いが性行動の違いを生み出しています。しかし人類の場合、ＡＶＰＲの密度ではなく、ＡＶＰＲ１Ａ遺伝子の塩基配列の一塩基多型によって「貞淑型」と「不倫型」に分かれることがわかってきています。

一塩基多型という聞きなれない用語が出てきましたが、「多型」とは、人口の１％以上の頻度で存在する遺伝子の変異のことです。非常にざっくり言えば、それがあるかないかで、同じ生物種の中での個体差が1％以上できてくるバリエーションのことです。有名なところでは、アルコール分解酵素があります。たとえば、呑ん兵衛になるか下戸になるかはアルコール分解酵素の遺伝子の一塩基多型で先天的に決まってきます。

また、「不倫型」と表現しましたが、男性の場合は不倫率だけでなく、離婚率と未婚率も上がることが報告されています。また、女性の場合も不倫率が上がりますが、離婚率と未婚率はさほどでもありません。この差は、離婚による社会的コストの性差によるものと考えたほうがよさそうです。つまり、より正確に言えば、「本質的に一夫一婦制の結婚には向いていないタイプ」と表現したほうがよさそうです。

不倫型には男女を問わず特徴的な振る舞いがもうひとつあります。それは「パートナーへの不満度」も高くなるという点です。また、恋愛だけでなく一般的な振る舞いとしても、「他者に対する親切行動」の頻度が低いという特徴があります。つまり、利己的なタイプなのだと考えられます。

不倫型と貞淑型の数の割合については研究者によって多少のバラつきはありますが、おおむね5：5だろうと推測されています。つまり、あなたの周囲の2人に1人は、本質的には一夫一婦制の結婚には向いていないのです。

不倫型が現在も相当な割合で存在していることを考えると、ある意味、不倫型であるほうが繁殖に有利な側面もあったのだろうと考えることができます。環境によっては、多くのパートナーと交尾したほうが遺伝子を残しやすいという事情もあったはずです。

そうした人類の長い歴史を考えると、現在の倫理観のみで「不倫は悪」と断罪し過ぎるのは、あまり意味がないことだと言えます。そればかりか、先天的に色素が薄い人に向かって「お前の髪が茶色いのはケシカラン！　黒に染めろ」と強制するようなもので、場合によっては差別や優生思想につながりかねません。

私たちは、「もともと一夫一婦制の結婚に向いていないタイプが人口の半数程度いる」という事実を受け止めた上で、物事を考えなければならないのです。

独裁者ゲームでわかった不倫遺伝子

イスラエルのヘブライ大学心理学部の研究チームは2008年に「独裁者ゲーム」を用いた興味深い研究結果を論文で発表しています。

独裁者ゲームとは脳科学や心理学でよく用いられる実験のひとつで、限られたリソースを他者とどう分け合うかの行動を見ることによって、その人の性格的傾向を測るものです。

たとえばここに1万円あったとしましょう。あなたはそれをAさんと分け合わなければなりませんが、分配比はあなたが独断で決められます。Aさんはあなたが決めた分配比に異議を唱えることはできません。この実験をおこなうと、1万円をまるまる自分で取ってしまう人から、きちんと半分に分ける人、あるいは相手に全部あげてしまう人までさまざまな行動パターンが現れます。

ヘブライ大学心理学部の研究チームは、AVPR1A遺伝子のRS3領域（61〜62ページ参照）が短い型を持つ人々のグループと長い型を持つ人々のグループに分けてこの実験をおこないました。

すると、長い型を持つグループの方が、短い型のグループよりも他者への慈悲心、利他心が高い傾向にあることが見出されたのです。また、同研究チームがヒトの遺体の脳を調査したところ、RS3領域が長い型の人たちの方が脳内に多くのバソプレシン受容体を持っていることも発見されています。

これは、ヒトにおいても先に紹介したチンパンジーとボノボの実験と同じ結果が得られたということです。ということは、RS3領域が長い型の人たちのほうが、独善的な不倫をする確率は少ないという可能性が考えられます。

さらに2012年、スウェーデンのカロリンスカ研究所医療疫学・生物統計学部の行動遺伝子学者ハッセ・ワラム博士が、少なくとも5年以上異性愛関係を続けている男性552人のAVPR1A遺伝子から「RS3 334」（別名「アリル334」）。AVPR1A遺伝子の、RS3領域の中の、ある特定の型という意味）という遺伝子のコピーを発見しています。

このRS3 334というアリル（対立遺伝子）を2つ持つ男性（つまり両親からRS3 334を受け継いだ男性）は、1つだけ持つ男性（片方の親からだけRS3 334を受け継いだ男性）、またはゼロの男性（両親のどちらからもRS3 334を受け継がなかった男性）と比べて、1年以内に離婚の危機に陥るリスクが5％高かったのです。

アリル334のしわざ

ちょっと専門用語が頻発したので、高校生物でも学習するアリル（対立遺伝子）の説明を簡単にしておきましょう。

人間をはじめとする多くの生物では、父からもらった染色体と母からもらった染色体を

対立遺伝子のしくみ
（例：ABO式血液型の決定要因）

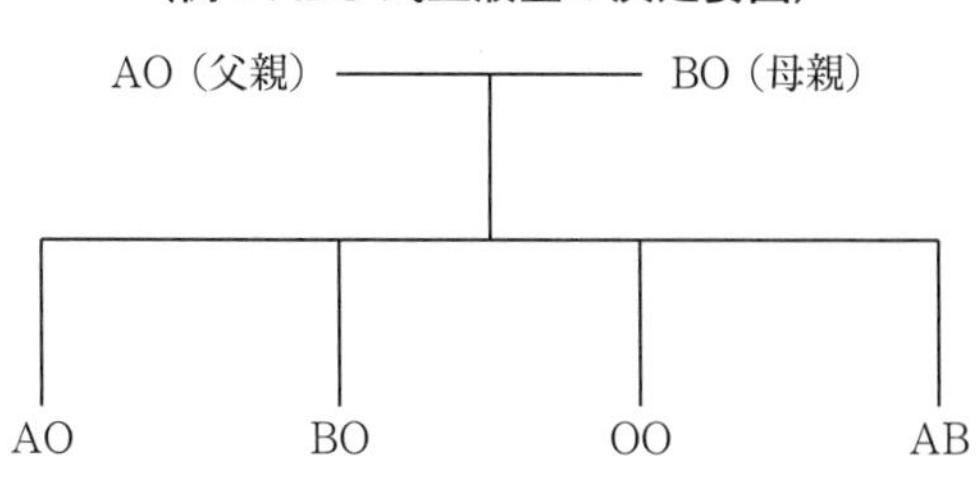

両方（2本）持って生まれてきます。

しかし、2つあると言っても、たとえば目の形にしろ、バソプレシンの受容体の数にしろ、ある特定の場所の特徴に関しては、父母両方の特徴を2で割ったような発現のしかたはしません。どちらか片方の親のほうに似ます。

遺伝子の働き方には強弱があり、強く現れるほうを優性遺伝子、隠されてしまうほうを劣性遺伝子といいます。

Ａが優性、ａが劣性だとすると、父がＡＡ、母がＡＡを持っていれば子もＡＡ（アリルを2つ持つ）ことになり、たとえば父がＡＡ、母がａａならば子はＡａ（アリルを1つ持つ）、ということになります。

たとえば目なら、目というひとつの場所をめぐって、父親側の遺伝子と母親側の遺伝子、あるいは優性遺伝子と劣性遺伝子があたかも競合しながらその座を争っているように見えたので「対立遺伝子」と命名されました（ただ、父母ともに同じアリルを持つ場合もありますから「対立」という呼び方はあまりよろしくないという指摘もあります)。

(注・現在、日本遺伝学会では「優性」「劣性」ではなく、「顕性」「潜性」という表記に改めるよう改訂していますが、かつての用語になじみがある人が多い事を考え、本書ではあえて「優性」「劣性」と表記します。)

話を戻しますが、ほかにも、アリル334を1つまたは2つ持っている男性と結婚している女性は、ゼロの男性と結婚している女性と比べ、結婚生活の満足度の平均が低いこともわかりました。

それだけではありません。アリル334は、人類の結婚や浮気にも直接的に関与していることを示す研究結果があります。

2008年、カロリンスカ研究所のワラム博士たちが、数百組の双子のペアとその配偶者、恋人たちを対象に、遺伝型を調べ、性格分析テストを受けさせ、パートナーとの関係も調査した論文を発表しています。

その結果、男性の場合は、アリル334をもつ男性ほど浮気率、未婚率が高く、他者に対する親切な行動をあまりしない傾向にありました。たとえば、アリル３３４をもたない男性は調査の前年に夫婦の危機を経験したのは15％だったのに対し、アリル３３４を２つ持つ男性では、34％にものぼりました。同様に未婚率について見ると、アリル３３４をもたない男性では17％、２つ持つ男性では32％だったのです。

不倫行動が遺伝子の影響を受けていることを示す研究結果は、これだけに留まりません。フィンランドで７４００人の双子を対象に行われた遺伝子研究プロジェクトでは、バソプレシン受容体が変異した遺伝子を持つ女性の浮気率が極端に高いこともわかっています。また女性の場合は、男性と比べて離婚率よりも不倫率が上がっていました。

なぜ女性の場合は離婚率ではなく不倫率が上がるのかは、先ほども言及したように、離婚に対する社会的コストの差によるものだと考えられます。一般的に離婚したときの経済的なダメージは女性のほうが大きいため、不倫をしても（あるいはバレても）簡単に離婚には踏み切らない、あるいは不倫された夫の方が「妻の不貞で離婚した」と言うのはバツが悪いので、やむなく結婚生活を続ける……といった要因が考えられます。

オキシトシンへの感受性も不倫を左右する

バソプレシン受容体以外にも、不倫行動に影響を及ぼす遺伝子は存在します。

前述のハッセ・ワラム博士（スウェーデン・カロリンスカ研究所）の研究チームは2011年、双子を対象とした大規模調査のデータベースを用いた研究論文を発表しています。それによると、オキシトシン受容体遺伝子の一塩基多型「rs7632287」をもつ女性たちは、「配偶者への愛情が少ない」「夫婦の危機を経験する確率が高い」「少女時代に人間関係の摩擦を他の人より多く経験した」などといったコミュニケーションに関連するマイナス要因の相関がみられることが発見されたとしています。

〝幸せホルモン〟とも呼ばれるオキシトシンは仲間内の愛情形成に深く関係していることはよく知られていますが、一方で「ソーシャル・メモリー」という人間の能力にも深く関係しています。ソーシャル・メモリーとは、以前会ったことがある人を認識する能力と関係し、人間関係の形成を速めます。それによって、ある個体をほかの個体よりも好むように仕向け、絆、愛着をつくる働きをします。

このオキシトシンへの感受性が、オキシトシン受容体遺伝子の一塩基多型「rs7632287」がマイナーアリルの女性とそうでない女性とでは違ってきます。それが現実の人間関係に影響を与えている可能性があるということです。なお、この研究チームは、男性の場合にはとくに影響がみられなかったとしています。

もっとも、遺伝子型がそうであるからといって、その女性が必ずしも「淫乱な浮気女」というわけではありません。しかし、１人のパートナーと長期にわたって人間関係を維持することが難しい傾向を持っているため、相対的には不倫をする可能性が高まると言えるでしょう。

ドーパミンへの感受性と浮気率の不思議な関係

さらに、不倫にはドーパミンの影響もあります。ドーパミンは脳の原始的な衝動に関わる報酬系に作用して快楽をもたらし、意欲を高める神経伝達物質であり、恋愛しているときなどには大量に分泌されるためです。

２０１０年にニューヨーク州立大学ビンガムトン校とジョージア大学の研究グループが、人間の性格の個人差と、Ｄ４受容体（人類では前頭前皮質に多く存在するドーパミン受容体）遺伝子「ＤＲＤ４」の中にある「反復配列」の多型を照合しました。

反復配列については先ほども説明したとおり（61ページ参照）、基本的には繰り返しが多いほどその傾向が強まります。つまり平たく言えば、この研究はドーパミンの受容体の個人差を決める部分を調べてみた、というものです。

その結果、7回以上の反復配列（7R＋）を含むアリル（対立遺伝子）を1つ、または2つ持つ人々は、ドーパミンやその受容体の分布、報酬系と前頭前皮質での働きに違いがあることがわかりました。報酬系とは、人類や動物の脳において、欲求が満たされたときや、満たされることがわかったときに活性化し、その個体に快い感覚を与える神経系のことです。これに対して前頭前皮質は、思考や創造性、理性的な認知にかかわる人間らしい高度な判断を担っている部分です。

7R＋配列のアリルを持つ人々は、冒険的な行動や新奇なもの、刺激を求める傾向にありました。また、ADHD（注意欠陥・多動性障害）が多いのも特徴です。

さらにこの研究チームが181名の若者を対象に調査を行ったところ、7R＋配列のアリルを1つまたは2つ持つ人々は、持たない人々に比べて、セックスをともなう浮気の事例が50％多かったことがわかりました。性関係が乱れている人の割合は7R＋を持たない人々に比べて2倍以上高く、また、浮気をしたと答えた保有者は、浮気をした非保有者よりも、浮気相手の数が多いことも判明しています。ゆえに、ドーパミン受容体遺伝子も、

DRD4の塩基配列の繰り返し回数による新奇探索性の違い

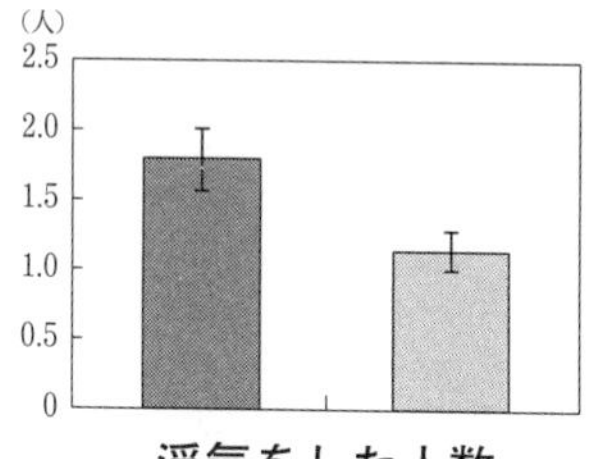

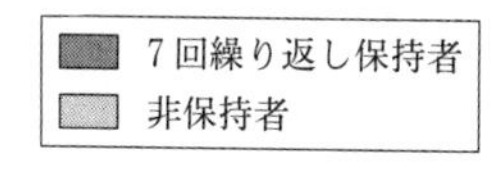

浮気をした人数

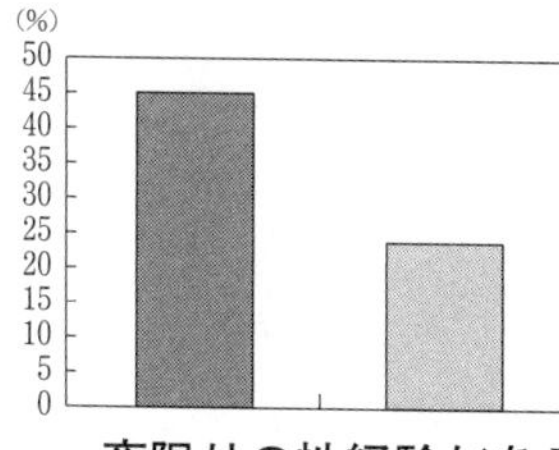

一夜限りの性経験がある

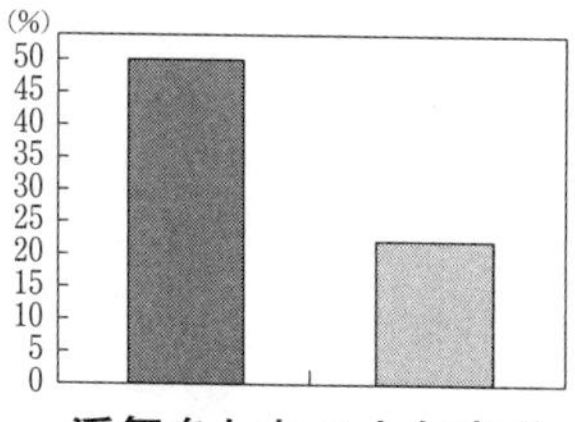

浮気をしたことがある

JR Garcia et al. (2010) Associations between Dopamine D4 Receptor Gene Variation with Both Infidelity and Sexual Promiscuity. PLoS One.

報告はニューヨークのビンガムトン大学の研究者らによるもの。DRD4について、この遺伝子のエキソンIIIに含まれる繰り返し配列（VNTR）と男性の不誠実性（infidelity）や性的な乱れ（sexual promiscuity）が関係する。

研究者らは研究の目的を隠し181人の若者（平均年齢20歳、118人の女性と63人の男性）に過去の性的経験についてアンケートを行った後、ほほの裏側の組織を採取、DRD4遺伝子を検査。そして遺伝子に7回繰り返し（7R）がある人と無い人で比較を行った。

結果、7回繰り返し配列を含む遺伝子を持つ人では一夜限りの性経験がある人が45%、繰り返し配列を持たない人では24%だった。

同様に、7回繰り返し配列保持者の50%が浮気経験があったのに対し、繰り返し配列を持たない人では浮気経験者は22%。浮気をした人数にも差が見られた。

人種間の差については以下のミニレビューに詳しい。
http://journal.frontiersin.org/article/10.3389/fnhum.2013.00195/full

浮気、不倫に関わる部分と言えるでしょう。

「一夜のあやまち」が起こるのはなぜ？

ドーパミン受容体遺伝子では、D4受容体以外にも、D2受容体の働きも関係しているとみられています。

さきほども登場した「一夫一婦型」のプレーリーハタネズミを用いた、こんな実験があります。

プレーリーハタネズミのオスとメスを一緒にして、いつでも交尾できるようにすると、オスは大半の時間を、自ら選んだメスと過ごすようになります。ところがオスとメスを数時間だけ一緒にし、しかもそのあいだ交尾ができないようにすると、オスはそのメスへの愛着を持ちません。これがプレーリーハタネズミの基本的な性質です。

しかし、オスの脳の側坐核（報酬、快感、嗜癖、恐怖などに重要な役割を果たすと考えられている部位）にD2受容体の働きを活性化する注射をすると、交尾なしでもオスはメスへの強い愛着を形成します。

逆に、D2受容体の働きをブロックする注射をすると、24時間交尾可能な状況でも、メスへの愛着形成が起こりません。つまり、オスがメスに愛着を抱く初期段階でＤ２受容体の活性化が必要だということです。

そして、おそらく人類でもこれと同じことが起きているであろうと推察されます。つまり、Ｄ２受容体が不活性な人間は、特定の人間と愛着形成がしにくい――結果として、一夫一婦制になじまない性行動を取るだろう――という推測です。

ほかにも、性行動へ影響を及ぼすと考えられる要因はまだあります。

たとえば脳の中の「眼窩前頭皮質」や「内側前頭前皮質」といった脳の機能が生まれつき低い人は、性的にアクティブになりやすいと言えます。

いわゆる「サイコパス」と呼ばれる人々は性的に奔放なことが多いですが、これは眼窩前頭皮質が担っている、社会的排除（ルールを破った人間に対する無視や差別、集団からの追放など）に対する感度が、一般の人よりも鈍いことが関係しているためだと考えられています。

また、内側前頭前皮質は、倫理観や世間的な善悪の判断を司る部分です。この部分の働きが低いと、やはり社会性に欠ける振る舞いをしてしまいがちです。

眼窩前頭皮質や内側前頭前皮質は遺伝だけで決まるものではなく、後天的要因（たとえばアルコールなど）によっても働きが弱くなる傾向にあります。だからこそ、「酔った勢いの、一夜のあやまち」といったことが起こりえるのです。

気の遠くなるような進化をくぐり抜けてきた不倫遺伝子

こうした研究結果からわかることは、生まれつき「一夫一婦制の結婚には向かない人」がいる、という厳然たる科学的事実です。少なくとも、「夫の浮気の原因は妻の性格や振る舞いにある」などと断罪するよりはよほどフェアな見方です。ある人の振る舞いが一夫一婦制に合致するかどうかは、本人の意志や努力ではなく、遺伝子や脳の仕組みによって決まっている部分も大いにあるのです。

遺伝子の塩基配列は、数世代で急速に変化することはありません。長い時間をかけてゆっくりと変わっていくのが基本です。また、遺伝的多型があるとき、どちらかの遺伝子が適応的であったとして、その型が広まっていく速度＝適応度は、数理社会学では「1世代で1％の変化が起こる速度に相当する」と仮定する場合が多いです。

たとえばセロトニンという脳内の神経伝達物質があります。セロトニンは生体リズム・神経内分泌・睡眠・体温調節のほか、さまざまな機能に関与する重要な物質です。セロトニンは新奇なものに対する積極性を喚起します。そのため欠乏すると何事にも積極性がなくなり、うつ病、食欲や性欲の減退などが引き起こされることがわかっています。

体内のセロトニンの分量は「セロトニントランスポーター」というたんぱく質が調整しています。セロトニントランスポーターは、神経細胞から出たセロトニンを再び細胞内に取り込む働きをしています。このセロトニントランスポーターの機能を決めている遺伝子は、「Ｓ型」（短い型）と「Ｌ型」（長い型）の２種類あります。

このうちＬ型の遺伝子を父母両方から受け継いでいる人（ＬＬ型）は、体内のセロトニンが減少しにくく、そのため楽観的で野心的な性格になるとされています。一方、Ｓ型の遺伝子を２つ持っている人（ＳＳ型）はセロトニンが減少しやすいため、不安を感じやすいことがわかっています。

アメリカ人はＬＬ型が最も多く約30％、ＳＳ型が最も少なく約18％です。一方、日本人はＳＳ型が最も多く約65％、ＬＬ型が最も少なく３％以下です。この差が、日本人とアメリカ人の国民性の違い、とりわけ新しい分野へのチャレンジ精神の違いとなっている可能性が高いと考えられています。

さて、適応度の差が１％あったと仮定して、約40％の差が生じるまでに最短で何世代かかるかを純粋に数学的に計算すると、20世代かかります。1世代20年としても、20世代で400年です。しかもこれは理論上の最短であって、実際にはこれよりはるかに時間がかかるはずです。

現代人が持っている生物としての基本的な構造は、古代人と比べてもほとんど変わるところはないだろうと考えられます（脳内で分泌される物質や、物質の受容体の密度に、もしかしたら多少の変化はあるかもしれませんが）。

前述のように、人類が一夫一婦制を採用するようになったのは農耕が始まり集団生活を営むようになって以降であり、人類史から考えると比較的最近のことです。また、「一夫一婦が善」「乱婚、不倫は悪」といった倫理観が広まるようになったのも、それ以降のことであったでしょう。繰り返しになりますが、現在でも一夫一婦制以外の婚姻形態を認めている社会は存在します。

人類の歴史の中では、AVPR1Aやオキシトシン、ドーパミンの遺伝子が〝不倫型〟の人の方が、むしろ繁殖に有利な局面が少なからずあったでしょう。不特定多数のパートナーと性交したほうが繁殖に有利だった、あるいは数多くの異性と性交して子どもを残すほうが善とされていた時代もあったであろうことは、容易に想像がつきます。私たちが持っている不倫遺伝子は、その名残であると考えられるのです。

倫理観の変化に生物進化が追いつかない

一方、私たちの倫理的価値観は、宗教的観念の発達によって、わずか数百年の期間に急速に変化してきました。

たとえば17世紀にアメリカに新天地を求めたピューリタン（清教徒）は姦通者に鞭打ち刑を科し、死に至らしめることもありました。イスラム圏では一夫一婦制ではないものの、現在でも姦通者に対しては残酷な極刑が適用されています。

しかし、いかに厳しい宗教的な戒律も、死刑という究極の刑罰さえも、不倫を完全になくすことはできません。

たとえば人口の約70%がイスラム教徒であるカザフスタンですら、1999年の調査では、結婚または同棲している男性の1・6%、女性の0・9%が、「この1年間に複数のセックスパートナーがいた」と答えています。国民の半分がイスラム教徒であるナイジェリアで2003年に行われた調査でも、男性の15・2%、女性の0・6%が同様に答えています。

さらに、不倫遺伝子を持つ人同士は結ばれやすいという研究もあります。

不倫と人類進化の関係性は、糖尿病に代表される成人病と人類進化の関係性にもよく似ています。

かつて人類の祖先は、狩猟・採集に依存していた頃、度重なる飢餓に苛まれてきました。数千年前から農耕と牧畜が発達し、人類の栄養状態は飛躍的に改善されましたが、それでも旱魃などの天候不順、害虫の大量発生などで、何度も飢饉に襲われました。

現在のように3食を普通に食べられるようになったのは、日本の場合でもここ数十年のことです。また、高カロリーの食品が巷に溢れるようになったのは、昭和の終わり頃から平成にかけてのバブル期以降であり、わずか三十数年のあいだに私たちの食卓は大きな変貌を遂げました。

しかし、人間の身体機能は、飢餓状態に苛まれていた頃からそれほど変わってはいません。食に困らなくなった現在でも、人間の脳は飢餓状態にあった頃の習性で、栄養価の高い食物を発見すると、なるべく食べてしまうよう指令を出します。

一方、消化機能や循環器などは、飢餓状態時代の設計のままですから、栄養価の高いものばかり食べていると、処理能力を超えてしまいます。それが成人病を引き起こしていると考えられています。

不倫遺伝子は、むしろ私たちの生存にとって必要だったからこそ、淘汰されずに現在まで生き残ってきたのです。「浮気や不倫はダメだ」「二股なんてとんでもない」と叩いても、叩く人自身の脳に「自分は〝正義〟を執行している」という快楽を呼び起こす以上の効果はありません。不倫をする人が絶えないのは、その人の人格やモラルが堕落しているからではなく、私たちが先祖から継承した遺伝子が、少しでも効率よく自分たちを繁殖させようと、私たちを駆り立てているからにすぎないのです。ただ、今日的な倫理観からみるとアウトな性行動になってしまう、というわけです。

次の章では、遺伝的な要因以外に不倫行動を左右するものについてお話ししましょう。

第3章　あなたの恋愛体質を診断する

「安定型」「回避型」「不安型」

ある人間の不倫のしやすさ（あるいは、不倫のしかた、不倫に求めるもの）に影響を与える要因のひとつに、「愛着スタイル」と呼ばれる資質があります。

その理解のための準備として、愛着理論についてざっと見ておきましょう。

イギリスの精神科医のジョン・ボウルビィやアメリカの発達心理学者のメアリー・エインスワースらによって1980年代に確立されたアタッチメント理論（愛着理論）によれば、人間の愛着のスタイル（内的作業モデル）には「安定型」「回避型（拒絶型）」「不安型」の3つがあるとされています。

愛着スタイル、または内的作業モデルと呼ばれるものは、その人が人間関係を築いていく上でベースとなる認知の様式です。ごく簡単に言えば、「その人が、どんなふうにものごとを捉えているのか？」のパターンです。

ものの見え方や、他者とは自分にとってどういう存在なのかの価値観が違えば、おのずと他者に対する振る舞いは変わってきます。

「安定型」の人は、文字通り、他者とのフランクな関係の構築が得意な傾向があります。一方、「回避型」の人は他者と深い関係を築くことに及び腰です。また「不安型」の人は他者に対する過度の期待から依存やその裏返しの失望、喪失の危機感を抱く、という傾向があります。

愛着スタイルのタイプを形成する最も大きな要因は、乳幼児期の特定の人物との愛着形成だとされています。基本的には母子間のふれあいが重要で、母子で相互に愛情を感じあうことが望ましいのですが、母は必ずしも生物学上の実母である必要はありません。養母や乳母、もしくは愛情を持って献身的に長時間接することができるのであれば、男性でもかまいません。なお、本書では便宜的に「母親」もしくは「親」と表記していますが、適宜読み替えていただければと思います。

ボウルビィらが愛着理論を提唱するまでは「母親は子どもの泣き声に反応してはいけない。依存心が強くなる」という考えが心理学、精神医学の世界では主流でした。

しかし、ボウルビィやエインスワースが実証的なエビデンスに基づいた研究によって発見したのは、この通念に反する事実でした。生まれて半年から1年半の間に、赤ん坊の泣き声にすぐに愛情を持って反応する母親の子どもは安定型の傾向を示し、母親がいなくなったときに他の子どもよりも適切な悲しみの表現をし、母親が帰ってきたときには笑顔を見せるという、ごく健全な反応になることに彼らは気づいたのです。

これは、赤ん坊が「親がいなくなってしまったときには、適度な水準で抗議をする必要があるが、親の注意を引くために過剰に泣く必要はない」ということを学習するためだと言われています。危険があればすぐ母親が来てくれる、呼べばすぐに答えてくれることがわかっている乳児にとっては、母親が「安全基地」となるのです。だからこそ、子どもはそこから離れて探索行動をとることができる。つまり、子どもが後々自立的な行動をとれるようになるためには、その大前提として、安心して戻ってこられる人間関係が重要であることが示されたのです。

このようにして育った安定型の人は「他者は自分に良いものをもたらす可能性が高い」と考える傾向が高くなるので、他人と積極的に関わろうとします。約6割強の子どもが安定型だと考えられています。

対して、親にかまってもらえなかった赤ん坊は「親には期待できない」ことを学習し、回避型や不安型（正確には子どもの場合は「両価型」と呼ばれます）になると考えられています。

安全基地としての母親があてにできない乳児の探索行動は、及び腰になる傾向が見られました。回避型の子どもはおとなしく、親と距離を置き、あいさつも形式的で、人との遊びよりもおもちゃなどにいそしむ傾向にあります。まるで母親の注目や愛情をあきらめているかのようです。母親を必要としないように努力することで、かまってもらえずに失望したり、拒絶されて傷つくことがないよう、自分を守ることを学習したのが、回避型です。

不安型（両価型）の子どもの場合は、心配性になったり、親をコントロールしようとしたり、あるいは逆に拒否したりといった行動が見られます。母親がそばにいてくれるのか、いても自分に対してどうふるまうのかわからないので、安心できない。そのため混乱した態度を取り、周囲をふりまわす、というわけです。不安型は過度の依存や、他者への高すぎる信頼や期待への裏返しからくる失望や拒絶をしがちな傾向にあります。

養育者との関係が極めて重要

このように、乳幼児期においては、養育者の態度がおよぼす影響はきわめて大きいのです。

1990年代初頭にアメリカの国立小児保健・人間発達研究所（NICHD）が行った

調査を紹介しておきましょう。多くの時間を託児所ですごす子どもについて、その振る舞いを研究したものです。

調査では、親が子どもに対する関心をよく向けている家庭の子どもは、託児所の様子にかかわらず、基本的に安心した態度で振る舞っていました。

一方、親が子どもに無関心な家庭環境の子どもは、託児所で長時間過ごすと、養育者に対する心理的な距離は遠いものとなりました。さらに、そのような家庭環境にある子どもについては、託児所の環境だけを改善しても、養育者との関係は近くなりませんでした。ただし、それ以外の結びつきについては、一定の改善がみられました。

同調査によれば、良い託児所を探そうとする母親は子どもと安定した愛着関係を築いている母親で、不安定な愛着型を示す子どもの母親は、自分の子どもがどこで過ごすのかを気にしない傾向にもありました。

なお、愛着理論についてより詳しく知りたい方には、日本語の文献では岡田尊司氏の作品がわかりやすく参考になります（巻末「参考文献」参照）。

「ふれあい不足」が身体的・知的な成長を阻害する

親の養育行動が子の成長に重大な影響を及ぼすことを示した例として、神聖ローマ皇帝フリードリヒ2世の言語実験や、ハリー・ハーロウがアカゲザルを使って行った代理母実験が有名です。

13世紀に神聖ローマ皇帝として君臨したフリードリヒ2世は「言葉を教わらずに育った子どもは、どんな言葉を話すのか？」というテーマで実験をしました。語学に堪能で6カ国語に精通していたフリードリヒ2世には「人間は生まれたときから自分の言葉をもっている」という考えがあり、しかもそれは「神の言葉」であるヘブライ語だと予想していました。

その予想を確かめるため、彼は部下に50人の赤子を集めさせ、隔離して育てることにします。ミルクを与え、排泄処理をするなど、栄養や衛生状態に関するケアは世話係が担当しました。ただし、世話係には「赤ん坊の目を見てはいけない」「笑いかけてはいけない」「話しかけてもいけない」「一切のふれあいを禁ずる」と命じたのです。

しかし予想に反し、子どもたちは自発的に言葉を話し始めることはありませんでした。さらに、半数は2年以内に亡くなったといいます。たとえ栄養が十分であっても、スキンシップや情緒的なやりとりがないと、十分にオキシトシンが分泌されないため、子どもの免疫系に致命的な影響が生じ、病気にかかりやすくなってしまうと考えられています。

フリードリヒ2世の実験は、1930年代後半にアイオワ大学の心理学者ハロルド・スキールズが孤児院で育った子どもの言語発達を研究したことで、さらに裏付けられることになりました。

当時のアメリカの孤児院は倉庫のような場所で、親はもちろん、他の大人からも十分な愛情を注がれるような場所ではありませんでした。孤児院育ちの子どもたちは「自分は不要な存在である」と感じていました。さらに施設にいる期間が長ければ長いほど、子どもたちの言語性ＩＱが下がっていくことを、スキールズは発見したのです。

スキールズが孤児院の子どもたちを1日数時間、子どもに対するふれあいを重視している保育園へ通わせてみると、ＩＱは上昇こそしなかったものの、低下することはなくなりました。さらに、年上の精神遅滞の少女のための施設に入れ、そこで世話好きの少女たちに母親代わりになってもらい、長い時間いっしょにすごしてもらうと、幼児の平均ＩＱは精神遅滞と診断される水準から平均的な知能のレベルにまで回復したといいます。

ハーロウの実験

子ザルは“ハリガネの母”（左）には寄りつかず、“布の母”（右）に抱きつく

出典：Harry F. Harlow, The Nature of Love, American Psychologist, 13, pp. 673－685.（1958）

ハーロウの代理母実験

アメリカ・ウィスコンシン大学のハリー・ハーロウ教授は1930年代初頭に、当時ウィスコンシン大学の大学院生だったエイブラハム・マズローとともに、動物園でサルの研究をしていました。マズローはのちに「欲求5段階説」（自己実現理論）を提唱し、現在の日本でも非常によく知られた心理学者です。彼らの研究は、のちにアカゲザルを使った愛着形成の研究につながることになります。

実験は、子ザルを箱の中に入れ、やわらかい布でつくった母ザルの模造品（代理母）を置いたことから始まりました。子ザルはそれまでもおもちゃの電車や近づいてきた人に反応してはいましたが、布でできた代理母の顔

を見ることに非常に強い執着を見せたのです。

ハーロウの霊長類研究所では、オランウータンやチンパンジーなど他の霊長類の子どもも、必死で毛布をつかみ、しがみつくことを発見しました。もちろん、寒いからそうしたわけではありません。子ザルたちが布を握りしめるのは、近くに抱きしめてくれる人間やサルがいないときでした。つまり、愛着を求めているのだと、研究者たちは考えました。

当時の心理学会における支配的な見解は「子どもは親を愛し、必要としているのではない。母は授乳という、栄養を与えるためのものでしかない」というものでしたが、ハーロウはこの見方を覆すための実験を準備しました。

彼は研究室のメンバーに、子ザルのための2体の代理母を作らせました。1体は丸い頭がつき、笑みをうかべ、体はスポンジゴムと綿の布で覆われ、電球がうしろから熱を発しているというものでした。この〝布の母〟からはミルクは出ません。もう1体はハリガネ製のもので、やはり電球で温められていたものの、四角い顔でしかめっ面をしたものでした。こちらの〝ハリガネの母〟には哺乳瓶が据え付けられています。そして、子ザルたちの前に2体の〝母〟を置き、その様子を観察しました。

結果は、どうだったでしょうか。

子ザルたちはほとんどの時間を〝布の母〟とすごし、ミルクを飲むために〝ハリガネの母〟に駆け寄ることがあっても、食事をさっと終わらせるとすぐに布の母のもとに戻ったのです。

この実験からハーロウは、「親は子どもに安全基地を提供する」というボウルビィやエインスワースたちの主張に極めて近い結論を導き出しました（実際、のちに彼らは交流を持つことになります）。ハーロウはその後も、〝布の母〟を隠すと子ザルが取り乱し、その際に〝ハリガネの母〟が役立たずであることを確認したり、子ザルに恐怖を与えることで〝布の母〟の重要性を確認したりしました。

ただし、〝布の母〟も万能ではありません。子ザルが〝布の母〟を愛しても、〝布の母〟が無反応であることから、〝布の母〟で育ったサルも〝ハリガネの母〟で育ったサルも、最終的には群れの中に入れてもうまく仲間をつくれないことがわかりました。言いかえれば、子ザルが一方的にしがみつく代理母があればいいということではなく、愛情には双方向性が必要だったのです。

またさらに、十分な社会性をもつには、母子はもちろん、他のサルとも交流する経験が必要で、代理母だけでは不十分だということもわかりました。

愛情こそすべて

ハーロウは重要な発見をした功績を讃えられる一方で、こうしたサルを使った実験、なかでも子ザルを孤独な状態に置いて人為的に抑うつ状態をつくりだしたことなどから、動物虐待をしているという批判にさらされることにもなります（今日では、ハーロウが行ったような実験は認められていません）。

ただ、忘れてはならないのは、ハーロウたちが登場する以前、欧米では「愛は子どもをスポイルするものである」として、「愛情撲滅運動」すらあったということです。

たとえばアメリカ心理学会の会長も務めた行動主義心理学の始祖、ジョン・B・ワトソン（1878〜1958）は「感情はコントロールされねばならない」という信念を持っており、親が子どもを抱きしめたり愛撫したりしすぎることが子どもを不幸にし、成長してからも結婚生活に適応できない大人になりかねないと主張していたのです。

また、20世紀初頭から前半までは「病原菌を人から人へ伝染させないよう、両親と子どもは隔離すべきであり、子どもとふれあったりキスするといったことはなるべく避けるべきである」とする医学界の見解も広く浸透していました。

先ほど紹介したボウルビィが母親のケアと子どもの心の健全性の関係についての研究論文を集めたとき、欧米の研究誌からはそのような文献は1920年代にはたったの5本、30年代でも22本しか見つからなかったそうです。

ハーロウやボウルビィは、こうした潮流に異を唱え、母子関係における愛情の重要さを説き、「すべての人間には愛情の確固たる基盤が必要である」と訴えたのです。

1970年代に女性解放運動、女性の社会進出が盛んになると、彼らの学説は女性差別的だとして批判されましたが（もっとも、ハーロウは「子育てするのは男でもかまわない」と言っていたのですが）、彼らの研究の方向性がおおむね正しかったことは、のちに神経科学が発展し、愛着形成とオキシトシンのレセプター（受容体）の関係が明らかにされたことで裏付けられています。

現在では分娩後すぐに母親の胸の上で赤ちゃんを抱っこして哺乳をさせたり、触れ合ったりしながら、しばらくの期間一緒に過ごす「カンガルーケア」（早期母子接触）を推奨する声が、欧米でも広まってきています。

カンガルーケアはもともとコロンビアの新生児ＩＣＵで生まれたものです。コロンビアでは医師や看護師の数に対して入院者が多すぎ、呼吸器系の問題と感染症からこのＩＣＵ

での死亡率が70%にも及んでいました。そこで、未熟児の体温を保ち、必要なときに母乳を飲めるよう、生後しばらくの期間、母親と子どもが肌を触れあうよう促したことに始まります。

カンガルーケアが子どもの健康状態の維持・改善に非常に有効であるということは、多くの研究者が認めるところです。また、10歳になってもカンガルーケアを受けた子どものほうがそうでない子どもよりストレス反応が弱く、母子関係も良好であることが報告されています。

愛着形成とオキシトシン受容体の深い関係

愛着スタイルを決めるものは、先ほども述べたとおり、乳幼児期に特定の養育者と深い愛着を形成することができたかどうかです。

それによって、オキシトシン受容体の数も決まってきます。

オキシトシンは、抱擁やセックスなどによって、脳下垂体から放出される脳内物質です。安らぎの感情を強め、相手に対して親しみ・愛情を抱かせる作用があることから〝幸せホルモン〟と呼ばれることは先に述べましたが、抗ストレス効果があることも近年明らかになってきました。

オキシトシンは、出産時の陣痛促進剤として用いられています。昔から助産師たちは女性に対して「セックスによって出産が早まることがある」と言ってきましたが、それは迷信ではなく、長年蓄積された助産師たちの経験と観察から導かれた知見だったのかもしれません。

女性は、出産時に子宮頸部に強い痛みを伴う刺激が加わることでオキシトシンが大量に放出され、それによって母性が育まれ、子どもとの愛着形成がうまくいくという学説があります。また、乳房から母乳を出すためにもオキシトシンは必要とされます。母乳づくりを促すプロラクチンというホルモンおよびその受容体とともに、女性を出産と子育てに適した状態にするためには、オキシトシンは必須です。

アメリカ・エモリー大学医学部のラリー・ヤング教授と東北大学脳科学センターの西森克彦教授らが、遺伝子操作によってオキシトシン受容体を欠損させたマウスを作ったところ、そのメスたちは子どもを産みはしても養育行動は積極的にはとらない個体になったそうです。

後天的な要因が遺伝子のスイッチを「オン」にする

一方、持って生まれた遺伝子だけが愛着スタイルを決定するわけではないことを示唆した動物実験もあります。

コロンビア大学心理学部のフランセス・シャンパーニュ准教授が、あまり子どもの世話をしないラットの母親から新生児を取り上げ、子どもの世話をよくする母親の巣に移し換える実験を行っています。すると、世話をよくする母親に育てられたラットの子どもたちは、もともとの素質にかかわらず、ストレス耐性が高い個体に成長しました。逆に、世話をあまりしない母親のところに残されたラットの子どもたちは、やはりストレス耐性が低くなったのです。

さらにラットの子どもに起きた変化を調べていくと、先天的に決定されている遺伝子の塩基配列だけでなく、環境との相互作用で遺伝子が修飾され、それによって起こる後天的な変化も、子どもの性質を決める重要なファクターになっている、ということがわかってきました。

こうした後天的に起こる遺伝子の修飾による表現型の変化を「エピジェネティクス」と呼びます。

エピジェネティクスとは、イギリスの生物学者コンラッド・ウォディントン（１９０５〜75）が「後成説」（エピジェネシス）と「遺伝学」（ジェネティクス）を合わせてつくった言葉です。19世紀に遺伝の法則と遺伝子が発見されて以降、ある個体が生まれた後で獲得した形質（環境によって獲得された形質）は、その子孫には遺伝しないと考えられてきました。

本書では、エピジェネティクスそのものについての議論を深くすることはしませんが、ごく簡単にわかりやすく言うならば、遺伝子の上にはスイッチがあり、後天的にスイッチがオンになったり、逆にオフになったりすることがあるという現象が新しく発見されたのです。

たとえて言うと、楽譜に書かれている音符は同じでも、演奏者やスタイルによって曲調が変わってくる、というイメージです。さらに言うなら、演奏者が同じでも、同じ演奏は二度とない、ということにもなります。

この研究分野はごく新しく、さらなる知見が蓄積されていくことが期待される領域です。

回避型の母親が回避型の子どもを再生産

人間の愛着形成の話に戻りましょう。

テキサスにあるベイラー医科大学のレーン・ストラサーンが、愛着スタイル別に母親のオキシトシン量がどう変わるか、fMRIを使って脳のどの部分がどんな反応を示すかを調べました。fMRIは核磁気共鳴という原子物理学の原理を用いて脳の活動領域を可視化する装置です。今では大きな病院での精密検査にも用いられています。

実は安定型と回避型、不安型は、ふだんのオキシトシン量にはそれほど違いがありません。しかし、母子のペアで五分ずつ遊ばせる実験をしたところ、安定型の方がより大幅な上昇を見せました。また、安定型の母親たちは、自分の赤ん坊の写真を見たときに、脳の視床下部にあるオキシトシンを生み出す領域が活性化していました。

さらに、自分の赤ん坊の泣き顔を見たときには、回避型の人たちの脳では、苦痛を覚えたりうんざりするという感覚に関係する脳の部分（島皮質・insula）が活性化していたのです。安定型の母親たちの場合は報酬系が活性化し、悲しむ我が子に近づくような指令が脳から出ていたのに対して、回避型の母親たちは逆に我が子を避けるように脳から指令が伝えられていたことになります。

そうした回避型の母親を持つ子どもは、どう振る舞うようになるでしょうか。泣いても母親にかまってもらえない。あるいは面倒くさがられたり、逆に怒られたりして、傷ついてしまう。子どもにとっては、つらい経験です。何度かそうしたつらい経験を繰り返すうちに、子どもは痛みを避けるため、そもそも他者に期待せず、求めないようになる。こうして回避型の親が回避型の子をつくる、と考えられています。

「無縁社会」とオキシトシンの深い関係

また、よりハードなケース、つまり幼少期に虐待やネグレクト（育児放棄）に遭った子どもは、先ほども書いたとおり、成人後も生涯にわたって精神遅滞が見られるなど、非常に大きなダメージを受けることがわかっています。そこでもオキシトシンが主なファクターとして作用しているのです。

2005年にアメリカのウィスコンシン大学心理学部のセス・ポラク教授らの研究チームが、アメリカの家庭に養子として受け入れられた4歳半の子ども18人を調査しています。彼らの多くは、政治状況が非常に混乱していた時期のルーマニアの養護施設で、平均16カ月強の困難な時間を過ごし、アメリカに渡りました。

彼らの平常時のオキシトシン量は、対照群となった普通の子どもたちと同じ程度でした。ただ、30分間ほど母親の膝の上に座ってゲームをしたり、スキンシップをさせてみると、明らかな違いを示したのです。対照群の普通の子どもたちは母親（実母）と遊んでいる間、オキシトシン量が上昇したのに対し、孤児たちが母親（彼らの養母）と遊んでも、オキシトシン量は変わらなかったのです。

信頼できる個体が傍にいる場合、オキシトシンは脳内では快い感覚を生成する方向に作用し、子どもに対して他者との関係構築にポジティブな気持ちを与えていると考えられています。しかし、幼少期に何らかのつらい体験をした子どもはオキシトシンが出にくく、その結果、他者との関係性が作りにくくなってしまう、とポラク教授は推測しています。またこの実験では、オキシトシンだけでなく、バソプレシンの量もルーマニアから来た子どもたちは非常に低い値を示したそうです。

ほかにも、カナダのマギル大学神経学・神経外科部のマイケル・ミーニー教授（精神医学）らの研究チームが行った、自殺した人の脳に関する調査もあります。その調査では、幼少期に育児放棄をされたり、虐待を受けた人々では、脳内のエストロゲン受容体の密度が低かったと報告しています。また、オキシトシン受容体の密度も低い状態にあったそうです。

前述のとおり、エストロゲン（女性ホルモン）は、オキシトシンがもつ絆を深める作用を増幅させる働きをするので、エストロゲン受容体もオキシトシン受容体も少なかったということは、その人が深い孤独感と周囲からの断絶を感じていたのではないか、ということを示唆します。

近年、家族の絆が弱まり、孤独死の急増が懸念されています。その背景には、乳児期に十分な愛着形成ができなかったためにオキシトシン受容体の発現がうまくできなかった人々が家族形成に失敗し、自分の子どもに対しても同様の育て方をしてしまう……という負の再生産の構造があるのかもしれません。

愛着スタイルと恋愛&不倫のパターン

さて、幼少期の母子関係と愛着スタイル、オキシトシン受容体の数が密接に関係していることを確認したことで、不倫の話題に戻りましょう。

愛着スタイルは、その人の対人関係を左右しますので、当然、恋愛や性行動も愛着スタイルによって変わります。タイプごとの典型例を考えてみましょう。

安定型は、一夫一婦型の性行動を選好すると考えられます。

オキシトシン受容体の多寡と乱婚の関係は、ハタネズミを使った動物実験で調べられています。

まず特定のオスとメスでつがいを作った後、両者をいったん引き離します。その後、元のパートナーと他の異性をケージに入れた場合、元のパートナーを選ぶのか、他の異性を選ぶのかを見てみました。すると、オキシトシン受容体がよく働くタイプは、元々のパートナーを選ぶ傾向にありました。人間でも、オキシトシンの数値の高い人は、不倫傾向が少ないとされています。

回避型にとって、基本的に人間関係はネガティブなものなので、「恋愛なんて面倒だからしなくてもいい」という人が少なくないとされています。彼らにとってセックスはさほど大きな快楽でもなく、安心感のよりどころでもなく、人生における出来事のひとつにすぎないのです。

ただし、回避型には「誰とも深い関係や本気の付き合いにはなりたくないが、たくさんの人と軽い関係を持ちたい」という傾向もあります。回避型の人は、他者を自分のための道具として使いたいという欲求があり、征服や支配欲などの自己愛的な願望に突き動かされ、相手を選ばない乱交に走ることもあるようです。

回避型の人は愛情と性行為を切り離して処理できるため、愛情がなくても性欲があればセックスができます。だからこそ、自分の性的な能力や魅力を誇示したい、実感したいがために、愛情のない相手とでもセックスすることができるわけです。

回避型は男性に多いようですが、生理的な原因についてはよくわかっていません。

ただ、エストロゲン（女性ホルモン）はオキシトシン受容体の密度上昇を引き起こしますから、女性の回避型が男性より少ないのは、そうした性ホルモンの影響があるのではないかと言われています。

不安型の恋愛はやっかい

不安型（両価型）の子どもは、母親がいなくなると泣くだけでなく、帰ってきても「なぜ私の前からいなくなったの!?」と激しく泣きます。このタイプは大人になっても、誰かがそばにいてくれないと不安です。その人のことを本当に愛しているかは別として、そばにいてくれる人がいれば常にしがみつく、というタイプになります。

回避型にとっては性的な結びつきはさほど重要ではないのに対して、不安型の人にとっては非常に重要な意味をもちます。性的なパートナーは自分を支えてくれる存在であり、性的な奉仕は自分への愛情の対価であり、セックスをしていること自体が、その人の存在証明そのものであるようなケースさえあります。

そのため、不安型の人がセックスに積極的になるのは、パートナーの愛情や献身が失われそうなときだとされています。

不安型は淋しさを紛らわせたり、相手の機嫌を損ねないためにセックスをします。言いかえれば、本当は愛していなくても、強く求められると応えてしまうことがあります。もし今現在のパートナーとあまりうまくいっておらず、自分が拒絶されていると感じたり恐怖や怒りを抱いていたりするとき、愛情を与えてくれそうな相手が見つかれば、愛を求めてそちらになびいてしまうことも考えられるわけです。

貞淑さ、誠実さに欠けるように見えるかもしれませんが、それは不安で仕方がないからなのです。不安型の人間は、生きていることが痛みのように感じられる、実存的な不安を抱えた存在と言えます。

これは付き合う相手側からすれば、ずっとしがみつかれることを許容しなければ裏切られてしまう可能性が高いですから、負担が大きいものです。

不安を克服する方法

不安型の女性の場合、エストロゲンが増えすぎると気分が激しく変化することがわかっています。それに加え、オキシトシンがもたらす攻撃性が組み合わさって、激情をつくりだしてしまうのでしょう。女性が感情的だと言われやすいのは、不安型が相対的に多いからだと思われます。

ただ、テストステロンが強くなるようにすれば、回避型の方に振れる可能性は上がるでしょう。テストステロンは一般には「男性ホルモン」と呼ばれますが、男女ともに性的な欲求を高める性ホルモンであり、オキシトシンのもつ、絆を深める作用を低減させるはたらきがあります。ですから、不安型の女性は筋トレをしてテストステロンを増やすことを心がけるのが、ひとつの対処法になり得るかもしれません。

不安型は、本人の内面的にはつらいかもしれませんが、生殖という面から見れば、悪いことばかりではありません。不安型は多くの異性と関係を持つ傾向が強いため、繁殖に有利な面もあるのです。

ラットを用いた実験では、こんな例が報告されています。ニューヨーク州立大学ビンガムトン校のニコール・キャメロン准教授（心理学）がカナダのマギル大学のポスドク（博士研究員）時代に発表した論文によると、子どもの世話をあまりしない母ラット（人間で言えば不安型の愛着スタイルに近い状態の母親）に育てられたメスは滅多にオスを拒まない傾向にあり、普通のメスに比べると性体験をより多く、そしてより早く経験することがわかっています。

人間でも同様の傾向が多くの社会科学者の調査から明らかになっています。親子関係がうまくいっていない家庭で育った女の子は初潮を迎えるのが早く、より早くセックスをしはじめ、しかもパートナーを慎重に選ばない傾向にあります。

「安定型」がもたらすメリットに気づかない日本型組織

ここまで読んで「絶対に自分の子どもを回避型や不安型にはしたくない」と思われた方、あるいは「自分が他人と性的な関係をうまく築けないのは、愛着スタイルの問題かもしれない」と思われた方がいるかもしれません。

実は愛着スタイルは、一度決まったからといって、一生変わらないわけではありません。大人になってから安定型に近づけられる可能性もあるのです。愛着スタイルが回避型や不安型の人でも、周囲に安定型の人間がおり、１対１の愛着関係を長期的に築くことができれば、だんだんと安定型に近づいていく傾向にあります。

「その人がチームにいるとなんとなく空気がよくなり、みんなが気持ちよく仕事ができ、その結果、うまくいく」というタイプの人が、世の中にはいます。多くの場合、こうした人は安定型と考えられ、メンバーひとりひとりに対して（非言語的なメッセージを含めて）細やかなケアをすることで「安全基地」となっている可能性があります。

人間関係の潤滑油になってくれる人や、仕事がバリバリできるようには見えないけれどもなぜだかとても話しやすい人――実はこうした人たちが、誰かが失敗したときや不安になっているときにはクッションになり、結果的に組織に重要なリソースを提供しているのかもしれません。

ところが近年、日本の企業では「実力主義」「自己責任」とさかんに謳われるようになり、個人としてのパフォーマンス（営業の数字など）が重視されるようになりました。その弊害として、こうした人材を軽視する風潮が生まれています。

しかし、個人プレイヤーとして見た場合に優秀なタイプではなくても、安定型の人材をチームに入れておくことは、集団としての力を高めるうえで無視できない要素であるといえます。人事制度でも、そうした人材を正当に評価する仕組みを用意するべきでしょう。

もちろん、逆のケースもあります。回避型や不安型の上司が過度の権限を持ってしまったり、まかり間違って経営権を握ってしまうと、その企業は危機に陥るかもしれません。社長が何にでも口を出してくるマイクロマネジメントになったり、側近の密告や愛人の讒言によって人事や経営上の重要な決定がなされるようになる可能性もあります。

また、回避型や不安型の経営者は、人材の活用も下手な傾向があります。自分より優れた人を排除してしまうため、必然的に小粒な側近たちになり、後継者も育ちません。

日本を代表するエクセレント・カンパニーで経営改革にも熱心だった企業が、経営者が交代してから急速におかしくなり、大幅な規模縮小や倒産に追い込まれたケースがいくつもあります。その陰には案外こうした事情が隠れているのかもしれません。

不倫することで精神の安定を得るタイプ

安定型の人がもたらすメリットは、恋愛関係においても発揮されます。不安型の人が安定型の人と恋愛関係を築くことができれば、不安型の人の愛着スタイルが安定傾向に向かうことが、十分に考えられます。

これは通常の恋愛や結婚だけに限りません。たとえ不倫であっても、不安型の人が安定型に近づくことで仕事はうまくいき、バレない限りにおいては、結婚相手との生活もむしろ安定化するでしょう。不安型の人間同士が結ばれて共依存になったり、不安型と回避型が結ばれてお互い疲弊したりするよりも、本人たちにとっても周囲の人間にとっても、望ましい影響があるかもしれないのです。

また、前述したように、オキシトシンはセックスによって分泌されるので、強い愛着を形成するきっかけになります。そのため、性的な関係を用いて相手に情緒的な安定を与え、仕事がうまくいくようにできる能力を持った人もいるわけです。巷間、「あげまん」と呼ばれる女性がいますが、自身も安定型で、男性の愛着スタイルを安定型に持っていける能力を持つ女性を指していると推論することもできるでしょう。

男性側にもそうした能力を持つ安定型の人はいます。

たとえば若い頃に人気があった女優が、不倫を繰り返したために人気が衰えてテレビ画面からは消えていたのに、中年になってから家庭的なイメージで再ブレイクし、CMやドラマに出ずっぱりになる、といったことがあります。こうした再ブレイクの陰に、不安型の女優を情緒面で支える安定型の男性パートナーがおり、そのため女優が活躍できるようになった……といったケースもあるでしょう。

2017年、ある女優の不倫が発覚した際、不倫相手が下着を頭に被っている写真などが流出して大きな話題になりました。はたから見れば奇矯な行動ですが、ふたりがリラックスしあえる関係であったことを示す重要な一枚であるともいえます。この不倫相手の男性は、彼女に精神的に非常に大きな安定感をもたらしていたのではないでしょうか。つまり、彼が彼女の「安全基地」になっていた、と考えることができます。彼女が活躍できていたのは、この男性の存在があってこそだったのかもしれません。

あるいは不倫が暴露されて信用や社会的地位を失ったにもかかわらず、「仕事のパートナー」などと強弁して相も変わらず同じ不倫相手との関係を続ける例もみられます。これは、自分自身が回避型もしくは不安型であることを承知しているためではないかと考えられます。もし安定型のパートナーを失えば、すべての歯車が逆回転し始め、自分はさらに奈落の底に落ちてしまうかもしれない――そんな依存的な自分がいることを知っているからこそ、傍目には支離滅裂な強弁をしてでも関係を続けてしまうのかもしれません。

仕事で成功した男性は性欲も増す

ここまで、先天的な遺伝以外に不倫行動を左右するものとして、後天的な母子関係によって決まる要素が大きい愛着スタイルの作用を見てきました。

一方、父子関係にも注目すべき要素があります。男性ホルモンとして知られるテストステロンは、性欲や攻撃性、競争心と直結し、男性ではバソプレシンのもつ防御や警戒作用を増幅させています。テストステロンの値は、子どもの存在と密接な関係があります。

中南米産の小型のサル、マーモセットに自分の子どもの匂いを入れた試験管を嗅がせると、20分以内にテストステロンの量が減少することがわかっています。これは、子どもの近くにいる父親の性衝動や攻撃性を低下させて子どもを守り、養育に意識を向けさせるためではないかと解釈されています。

人間を対象にした実験でも、父親になった男性はテストステロンが減少することがわかっています。とりわけ最も多く減少するのは、赤ん坊の世話に深く携わっている男性、という結果が出ています。

逆に言えば、自分の子どもと接する時間が少なく、寝室も子どもや妻と別の場合や、単身赴任している男性では、あまりテストステロンが減少しないと考えられます。テストステロン値が高い男性は性欲も強いので、いわゆる「イクメン」ではない父親の方が浮気をしやすい傾向がある、と言えます。

また、仕事で失敗したり解雇された場合も、テストステロン値が低下することがわかっています。興味深いことに、スポーツの試合で負けたり、自分が応援しているチームが負けた場合も、テストステロンは減少します。逆に、ゲームに勝ったり、デザイン性に優れたクルマに乗ったりすることでテストステロンが増加することもわかっています。

俗に「英雄、色を好む」などと言われます。戦に強い男性は、勝利を収めることでますますテストステロン濃度を高め、結果、性欲も旺盛になるということでしょう。

戦国武将をみても、豊臣秀吉にしろ徳川家康にしろ、好色で知られています。もっとも家康は多産系の女性を選び、経産婦を好んで側室にしましたから、性欲のためというより子孫を多くもうけて戦略の道具とすることを考えていた可能性が高いですが。石田三成のように生涯側室を持たず、一夫一妻を貫いたケースは少数派です。

ただ、乱世の将としては、一夫一妻を頑なに守った貞淑型の人物よりも、政治的にも性的にもアクティブで、勝利を積み重ねることによってますますテストステロン濃度を高めてゆく人物のほうが、より成果を残すことができたという事情はあったでしょう。

「熟女ブーム」と晩婚化の相関関係

戦国武将は家康に限らず経産婦を好む人が多くいましたが、霊長類のオスも、すでに子どもを産んだことのあるメスを好みます。「子を産んだ実績のあるメス」のほうが、自分の遺伝子を残しやすい、ということが理由だと考えられます。

日本社会でも、ひとつ興味深い事象があります。近年、「熟女ブーム」と言われます。〝熟女タレント〟がもてはやされ、若い男性が自分の母親であってもおかしくない年齢の女性と交際する現象も珍しくありません。

〝熟女好き〟を判定する方法があります。同じ女性の顔写真にほうれい線を加工し、ほうれい線のある写真とない写真を両方、被験者に見せ、点数をつけてもらいます。すると、ほうれい線のある顔を好む人がいるのです。

ほうれい線のある顔を好む男性は何が違うのか、データを取ったところ、生まれた時の母親の年齢が比較的高齢であることがわかってきたのです。母親が30歳を超えてから生まれた男性は、ほうれい線のある顔を好む、つまり〝熟女好き〟の傾向があることがわかりました。

これは愛着形成が行われる乳児期に「自分に優しく接してくれた人の顔」が、ある程度年を重ねた女性の顔であったため、そのような傾向になるのだと考えられています。

現在の若い男性は、晩婚化と高齢出産が顕著になってきた１９８０年代以降に生まれています。彼らが好む女性の傾向は、年を重ねた女性となる可能性が高いため、今後、ますます晩婚化の傾向が強くなっていくかもしれません。

排卵期の女性の匂いにひきつけられる男性

いずれにしても、人間の性行動は脳内物質に左右される部分が非常に大きいと言えます。もちろん、これは男性だけの話ではありません。女性は排卵期にはテストステロン濃度の高い男性を「セックスの相手」として望み、それ以外の時期には落ち着いていて生活と育児に向いた「長期的なパートナー」を探していることが、複数の研究で明らかになっています。

カリフォルニア大学ロサンゼルス校（ＵＣＬＡ）心理学部のマーティー・ヘイゼルトン教授の研究チームの実験によれば、女性は排卵期になると自然に自分の性的魅力をアピールするようになることがわかっています。

ヘイゼルトン教授らは18歳から37歳までの女性を募集し、２回に分けて写真に撮りました。1度目は排卵が近づいて妊娠する可能性がもっとも高まっているとき、2度目は月経が近づいて妊娠の可能性がもっとも低いときです。その写真を別のボランティアグループに見せて、「どちらがより自分をセクシーに見せようとしていると思うか？」を聞いたところ、排卵期に撮られた写真の方が圧倒的に多く選ばれたのです。

一般的には、人類は他の多くの生物とは異なり、決まった発情期がなく、排卵期がいつなのかが女性自身にも周囲の男性にもわからないことが特徴だとされています。しかし、この実験からわかるのは、排卵期の女性は無意識のうちに発情的な振る舞いをしているということです。

一方、男性のほうは、排卵している女性の匂いに触れるとテストステロンが上昇することがわかっています。女性が排卵期になると男性を惹きつけようとするのに対し、男性もテストステロンを増加させてそれに応えようとするという相互作用があるわけです。

また、排卵期にパートナーがいない女性は、一夜のあやまちを犯しやすく、男性はそうした女性に惹きつけられてしまうというのも、動物としての人間が避けがたく持っている性質のひとつです。なお、排卵期の女性とすでに関係をもっている男性の場合には、他の男性を遠ざけようと行動することも明らかになっています。

フロリダ州立大学心理学部のジョン・マナー教授が学生を被験者とした実験では、ある特定の相手との恋愛感情が高まっているときには、恋をしていないときには性的な魅力を感じるような相手（いわゆるイケメンや美女など）にもセックスアピールを感じなくなることが確認されています。

恋愛は、パートナーとなりうる相手だけに注意を集中させ、ほかにセックスの相手を見つけたいという欲求を抑える効果があります。言いかえれば、恋愛感情を高めることは、パートナーの浮気を防止することに効果があると言えます。恋愛するとセロトニンの濃度が強迫神経症の患者と同じくらいの水準まで落ちることもわかっています。これは、ひとりの相手だけに意識を向けさせるためでしょう。

ただ、恋愛中に上昇したドーパミンと低下したセロトニン濃度は1年から2年ほどで通常レベルに戻り、恋愛特有の高揚感は失われていきます。その後の時期にオキシトシンによる絆の形成がうまくできていなければ、遺伝子やホルモンの働きかけを理性が抑制することは困難です。つまり、不倫に走る素地ができてしまうのです。

整理しましょう。

浮気のしやすさを左右するものは、個人のレベルでは、

・先天的な、特定の遺伝子の働き
・後天的にかたちづくられた、その人の愛着スタイル
・周期的、反応的な男女の性ホルモンの働き

この3つがあると言えます。

これに加えて、その個人が所属する集団が、一夫一婦的な結婚生活をしたほうが得なのか、あるいは不倫したほうが得なのかという、社会的な要因が影響すると考えられます。

さて、第4章では、なぜ不倫が世間からバッシングされるのか、そのメカニズムを詳しく見ていきましょう。

第4章　不倫はなぜ叩かれるのか？　社会的排除のしくみ

バッシングの本質は「トクしている人間」への社会的制裁

最近の日本では、不倫は過剰なまでにメディアで取り上げられ、バッシングの対象になっています。

しかし冷静に考えれば、他人の不倫はあくまで「他人の恋愛」に過ぎません。あなたは当事者ではなく、完全に部外者です。また、現在の日本では、不倫は「非道徳的行為」であっても「犯罪」ではありません。

それなのに、不倫が発覚した当事者は「謝罪会見」を開いてマスコミの質問攻めに遭わなければならず、プライバシーは暴露され、社会的地位が回復不可能なほどダメージを受けます。

なぜ不倫はここまで猛烈な社会的排除の対象となるのでしょうか?

「倫理的でない」「子どもの教育上よくない」そんな理由を挙げる人が多いと思われます。しかし、「ではなぜ不倫は倫理的ではないのか?」と問われて、理路整然と説明できる人はいないでしょう。

人間社会で一夫一婦制が主流になったのは、長い歴史の中で見れば、比較的最近のことです。「一夫一婦制の結婚以外の性的関係＝悪」とみなす倫理観は、いわば後付けで出来たものにすぎません。そうした倫理観が生まれた背景には、性病の蔓延があったという研究結果があることも、さきほど述べたとおりです（40〜41ページ参照）。

私たちの倫理観の皮をもう一枚めくると、不倫をしている男女に対する「抜け駆けして〝いい思い〟をするのは許せない」「あんな〝いい思い〟をしているのはケシカラン」という潜在的な〝妬み〟の感覚が姿をあらわします。

実際、社会的・経済的な地位が高い人の不倫や、不倫相手が美女であったり資産家であったり、不誠実な態度が明らかになったりした場合には、より過激に叩かれる傾向があります。不倫バッシングの本質は倫理観や教育ではなく、〝トクしている人間〟に対する社会的制裁、と考えられるのです。

フリーライダー

ではなぜ、不倫は妬みを買うのでしょうか？

その理由は、不倫をする人間は社会集団の中での「フリーライダー」とみなされることが多いからです。

フリーライダーとはその名のとおり、「コストを払わずにタダ乗りする人」の意味です。

人間は社会的生物です。共同体の中において、その構成員（私たち個人）は役割を分担し、応分のコストの負担をし、決められたルールを守りながら生活しています。その見返りに、私たちは共同体からそれぞれリターンを受け取っています。それが国家や自治体であれば、税金を納める代わりに社会保障（医療費・年金など）やインフラ（水道・道路など）を利用できるし、会社であれば労働の対価として給料や福利厚生を受け取れるわけです。

しかし、なかにはそうしたコストの負担やルールの遵守をせず、リターンだけを得ようとする人もいます。それがフリーライダーです。

フリーライダーへの制裁

そもそもなぜ人類が共同体を作るのかというと、単体で生きていくよりも、共同体を構成したほうが生き延びる確率が高くなり、子孫を残しやすくなるからです。メンバーがそれぞれ少しずつリソースを出し合い、犠牲を払い、全体から集めたリソースを運用することで分け前にあずかる。そして全体として得をし、その利益がメンバー全員に行き渡るよう、共同体は運営されています。

フリーライダーに対する制裁

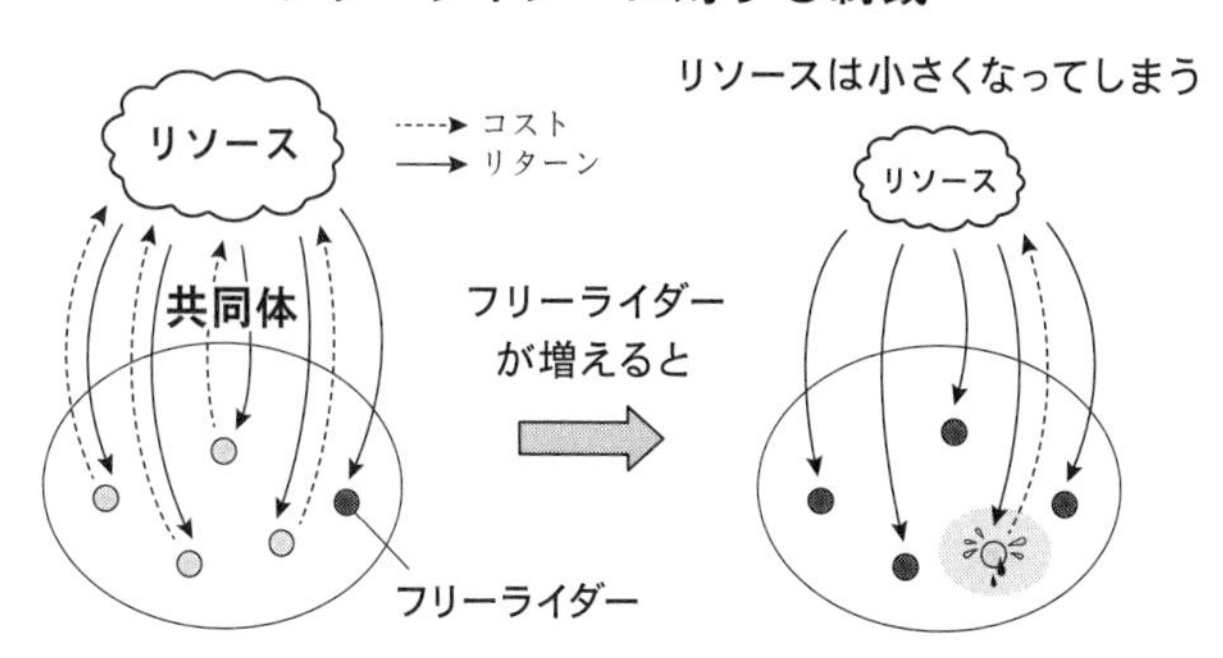

共同体のメンバーは、応分のコストを支払い、代わりにリターンを受け取る。
しかし、中にはコストを支払わず、リターンのみ受け取る「フリーライダー」が存在する

真面目にコストを支払っているメンバーがどんどん損をする社会に

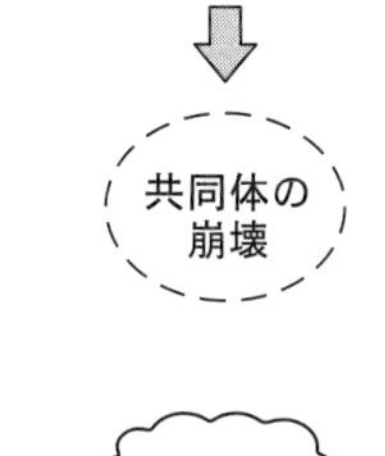

フリーライダーを
早期に検出し、排除

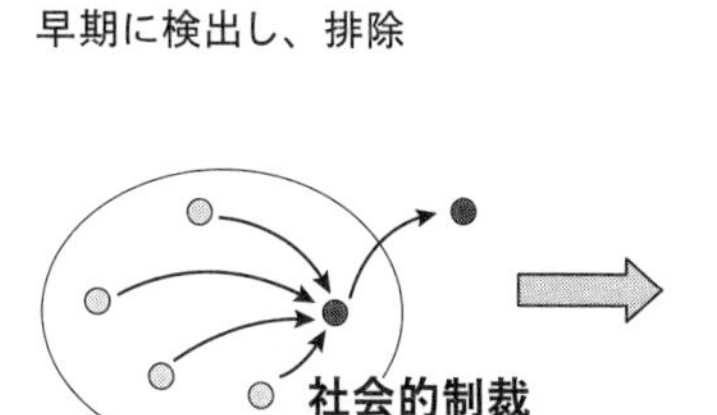

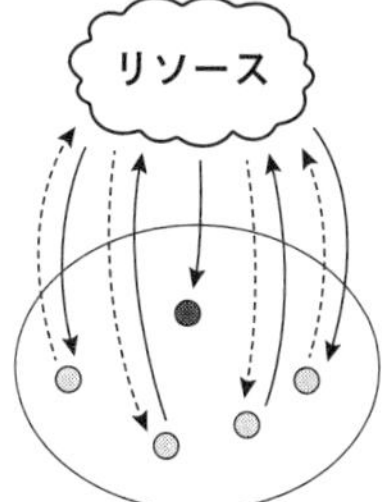

フリーライダーが一定数以下であれば共同体は維持される

しかし共同体において、フリーライダーが得をする状態を放置し、抜け駆けが蔓延すると、真面目な人ほど損をする状態になってしまいます。「なあんだ、犠牲を払わなくても恩恵を受けられるのか」と錯覚する個体が増えると、結局は全体のリソースが減ってしまいます。そればかりか、皆がタダ乗りを試みれば、制度そのものが崩壊してしまいます。

現代の日本社会では、年金や健康保険の制度がその典型といえます。「払い損」だとわかれば最後には誰も払わなくなり、結果的には共同体そのものが崩壊することになりかねません。

利己的な行動は、短期的には個人に快楽をもたらしますが、共同体の協力構造を蝕んでしまうため、長期的な関係が予期される環境では結局はデメリットとなります。共同体の構成員は、フリーライダーを放置しておくと、自分にとって将来的に大きな損害となる可能性があります。

そこで、共同体の崩壊を避けるためにフリーライダーを罰して「きちんとコストを払え」と強制するか、共同体から追放しなければなりません。また、「抜け駆けするやつは罰せられる」と見せしめにし、規律を維持する必要があります。

このような行動を、フリーライダーに対する「サンクション」（制裁行動）と呼びます。

卑近な例で最もわかりやすいのは、脱税に対する刑事処分です。税務署は脱税に対して厳しく目を光らせており、脱税が発覚した際のペナルティも重く設定されています。禁酒法時代のアメリカのマフィアのドン、アル・カポネも最後は脱税で追い詰められました。そうしたサンクションが見せしめとなり、共同体の協力構造が維持されるのです。

また、フリーライダーに対して人々が発動するサンクションは、「自分のため」というより「集団を守るため」に行われるという点で、利他的な振る舞いのひとつと言えます。

「協調性の高い誠実な人」ほど「いじめ」に走る

しかし、サンクションは利他的な振る舞いであるがゆえに厄介であり、時として行き過ぎることがあります。

イギリスの生理学者レズリー・ブラザーズは、共感力を司る眼窩前頭皮質、文脈や状況判断を含むコミュニケーション能力を司る側頭葉、好悪の判断を司る扁桃体をあわせて「社会脳」と呼びました。こうした領域の働きが活発な人は思いやり深く、他者と協調する能力に秀でています。一方で、共同体を運営するには、フリーライダーを抑え、逸脱者を出さないようにしなければなりません。他人に思いやりのあることと、和を乱す人を叩くこととは、表裏一体であると言えます。

その結果、共感力が人一倍強い人は、その共感力の強さゆえに、裏切られたと感じる出来事があると「許せない」という思いも強くなり、容赦ないサンクションをおこないます。

フリーライダーに対するサンクションは、「いじめ」というかたちであらわれることもあります。「規律正しい人のほうが激しいいじめをする」「協調性が高い人ほどいじめに走る」といったことが起こるのはそのためです。

また、結束が固い共同体や、メンバー同士が密接で仲が良い組織ほど、それにタダ乗りしようとして将来的には絆を破壊しかねないフリーライダーに対して苛烈なサンクションをしがちになります。

サンクションが過剰になるメカニズムについては、134ページ以降でさらに詳しく説明します。

生殖のコストが高すぎる

現代日本で不倫が過剰にバッシングされるのは、子どもを産んで育てる「生殖コスト」

が高すぎることも背景にあると考えられます。

今の日本社会では、子どもを１人産んで育てるということさえ、純粋に経済的にみれば相当なマイナスになってしまいます。出産のために仕事を辞めたり、育児休暇を取って仕事をセーブしなければならない人が大半です。学校に行き始めたら、塾や習い事に行かせたり、少しでもいい学歴を身につけさせるため、あるいは「いじめ」に遭わないようにと、私立有名校を受験させるケースもあります。

そもそも人類のメス（女性）にとって、生殖はそれだけで大きなコストがかかり、リスクをはらんでいます。二足歩行のために進化した骨盤は難産をもたらし、母子ともに生命の危険にさらされます。

普通の人は子育てのコストを引き受けたうえで、恋愛し、セックスをしています。あるいは子どもがいない夫婦であっても、家庭を維持するための面倒ごとを引き受けるというコスト、あるいは子どもがいる家庭よりも多くの税金を払っているというコストを引き受けています。

しかし、不倫はそうしたコストの負担をせず、性的快楽や恋愛のスリルを享受しているとみなされます。だから不倫に対して、「恋愛するなら、結婚や生殖にまつわる面倒ごとも引き受けなさい」「セックスはするのに、家庭や子育てのコストを引き受けないなんて許せない」という社会的な圧力が高まり、「恋愛やセックスだけを享受するフリーライダー」としてサンクションが加えられるのです。

不倫バッシングの裏には、こうしたメカニズムが働いているのです。

「妬み」がフリーライダーをあぶり出す

不倫に限らず、共同体の中に隠れているフリーライダーがあぶり出される際、「妬み」(envy)という感情が検出のモジュール(装置)として用いられます。

一般的に、相手が持っているものを自分も手に入れられる、自分と相手との差は大きくないと感じるときほど、妬みは強くなる傾向にあります。いわゆる「シャーデンフロイデ」——他人の不幸や失敗を知って「ざまあみろ」と嬉しくなる感情——は、その相手が自分と同等の階層(所得、外見、才能など)に所属するという類似性が前提になっています。

また、自分と相手との比較対象が自分にとって重要なことであるほど、やはり妬みが強くなります。学歴が大事だと思っている人間は、身近な人間が自分より良い学歴を持っていると妬ましく、外見が重要だと思っている人間は自分より美人の同僚を妬ましく思う、というわけです。

一方、自分とは明らかに違う世界に住んでいるセレブや著名人などに対しては、憧れの気持ちになります。妬み感情にならずに「あの人は特別だね」と思うようになるのです。しかし、スキャンダルが発覚し、「なんだ、あの人も私たちと同じだったのか」と思われるような要素があると、妬みからくる攻撃感情を誘発しやすくなります。

とくに、近年急速に広まった各種ＳＮＳは、一般人も芸能人、著名人も同じサービスを使い、誰でもアカウントが登録でき、一般人でも著名人に対して気軽に直接メッセージやコメントを送ることができるため、勘違いを誘発させやすくしています。20世紀までの「ＴＶや新聞といったマスメディアに出ているのは一部の有名人であり、一般人とは違う世界に生きている」という線引きがあった状態とは、まったく状況が違います。良くも悪くも有名人が身近な存在になった結果、妬みの対象になりやすくなってしまったのです。

さらにネットの発達によって、以前であれば知らなくてもよかったし、知ることもできなかった「うまくやっている他人」やフリーライダーの姿が簡単に見えてしまい、その結果、自分の相対的な貧しさを意識しやすくなってもいるのです。

いずれにしても、不倫報道を見聞きして妬みを抱く人は、不倫した人間を自分たちと同じ階層に属した人とみなしているのです。

オキシトシンによって「妬み」が高まる

本書の中でたびたび紹介する脳内物質オキシトシンには、恋人や親子を結びつけ、不安を減らして愛着をもたらす作用があります。そのため、〝幸せホルモン〟とも呼ばれることは先に述べたとおりです。

じつはこのオキシトシンによって、妬みの感情も高まることがわかっています。オキシトシンは愛着を高めますが、ある個人が愛着を抱く対象（たとえば自分の子ども、恋人など）と競合する存在に対する妬みの感情を高め、ときには攻撃を誘発させてしまうのです。

また、オキシトシンは「内集団バイアス」（内集団びいき）、および「外集団同質性バイアス」（外集団均質性効果）を高めることもわかっています。

内集団バイアスとは、「自分が所属している集団（内集団）のメンバーは、自分が所属していない集団（外集団）のメンバーに比べて、人格や能力が優れている」と思い込んでしまう、認知のゆがみです。実際には優劣の差がない場合でもそう判断してしまうので、

「バイアス」と呼ばれているわけです。

また外集団同質性バイアスとは、「自分が所属している集団は、外集団よりも多様性に富んでいる」と思い込んでしまう現象を指します。この思い込みにより、自分が所属していない集団に対しては、単純化されたステレオタイプな認識をしてしまいがちです。

今、世界的に巻き起こっているラディカルな民族主義、排外感情などは、これらのバイアスの典型と言えます。自分の国や民族は優秀だと思い込み、「○○人はウソつき」「△△人は劣等」とレッテル貼りをするのも、オキシトシンの作用のひとつなのです。

内集団バイアス、外集団同質性バイアスについては、のちほど詳しく説明します。

「妬みスイッチ」が入りやすい日本人

基本的にオキシトシンは「向社会性」を高めます。向社会性とは、「自分の愛する相手のために何かしてあげたい」とか「自分の属する共同体のために役立つことをしたい」というポジティブな感情です。

しかし、オキシトシンは人間の認知能力の客観性を高めるわけではありません。ウチとソトの区別を強めてしまいますから、いいことばかりではないのです。

オキシトシンの感受性には個人差があり、また国民による差も大きいことがわかっています。先にも述べたように、オキシトシン受容体の数は、生まれつき完全に決まっているわけではありません。後成的な要因である「母子の愛着の度合い」によって、その密度が変わります。つまり母子関係をはじめ、長期的な人間関係が重視される国民や民族では、オキシトシンによる妬みスイッチが入りやすくなるだろうと予測されます。

欧米では、子どもと親は寝室が別であり、就寝前に深いスキンシップを取る習慣は必ずしも一般的ではありません。一方、日本では「寝かしつけ」の習慣があり、母子は同じ部屋で寝るのが当たり前になっています。日本人の方がオキシトシン受容体の数が増えやすい環境にあると考えることができます。

こうしたことから、日本人は他国の人々に比べてよりオキシトシンへの感受性が高く、その結果、日本社会は「妬み」によるフリーライダー検出モジュールが強く働いていると推測されます。

「利他的な集団」ほど子孫を残しやすい

さて、フリーライダーは進化の過程でどのようにして生まれ、なぜ排除されるようになったのか、そのメカニズムを見てみましょう。

自然界には、群れや共同体のなかで自分個人を犠牲にしてでも他のメンバーを存続させようと振る舞う生物が、しばしば見られます。たとえばアリやハチには、自分の子どもを作れずに働くだけの階級（働きバチなど）が存在します。哺乳類でもインパラやミーアキャットなどでは、群れに危険が迫っていないかどうか、自分の身を危険に晒しながら見張りをする個体がいます。

このように、集団全体で生き残るために個を犠牲にする行為は「群選択」（群淘汰とも言う）という仮説によって説明されています。この仮説についてはさまざまな議論がありますが、個を犠牲にして「利他行動」をする者が多い集団ほど、生き残る確率が高くなるとされています。

人類の場合、遺伝子の影響だけでなく、社会環境（文化）の影響によっても利他行動の強弱が変わってきます。たとえば自分と直接的に血縁関係のある（＝遺伝的共通性のある）人間以外に対しても、自己犠牲を厭わないケースがよくみられます。

私たちは子どもの頃から「利己的に振る舞ってはいけない」と教育されます。自分を犠牲とし、コミュニティ全体の利益となる行為が推奨されるのです。

実はこうした利他行動のポイントは、単に自己犠牲を推奨しているのではない、というところにあります。人間集団がしているのは互恵的な利他行動であり、「お互いに助け合う」集団を築いています。血縁関係にない人間に対する親切や援助は、短期的には見返りが小さいものに見えます。しかし、人間社会をひとつの集団として長期的に見るならば、「支払ったコストに見合うリターンとしての繁殖適応性を得ている」ということになります。こうした複雑な振る舞いは、他の生物には見られません。

南カリフォルニア大学人類学・生物科学教授のクリストファー・ボームによれば、自身の血縁以外への寛大さを是とする社会的圧力は、伝統的な狩猟採集生活をいまだに続けている集団においても、普遍的に見られるそうです。

人類は農耕を始める以前、狩猟採集民だった約4万5000年前までの時期に、すでに「利他的な振る舞いは望ましいこと」とするマインドセットを獲得していた、とボームは結論づけています。群選択の仮説にもとづくと、他者と助け合ったりしなかった集団、互恵的でなかった種族は滅んでいったと考えられます。

なかにはこうした群選択の仮説を批判する学者もいます。しかし、なぜ人間社会では利己的な振る舞いが批判され、利他的に集団全体に貢献するような振る舞いが賞賛されるのか？　――その謎を説明するには、この仮説が最もシンプルなのです。

自慢したがりが嫌われる理由

フリーライダーは制裁・排除の対象となりますが、多少のフリーライダーが存在しても簡単に崩壊しないような十分なリソースがある共同体では、フリーライダー戦略が奏功しやすい場合もあります。

たとえば、個人で負担すべき子どもの養育コストが相対的に軽い社会では、婚外子が増えます。両親が時間的・経済的・情緒的コストを負担しなければならない社会と比べ、親が単独であっても社会がそのコストを肩代わりできるのであれば、婚姻関係を子育てのために結ぶ必要性が薄れるからです。

そうした社会の場合、「一夫一婦制を守らない」ことではなく、むしろ「税金を払わない」「婚外子を共同で育てる社会体制に協力しない」ほうがフリーライダー扱いされる強い要因になります。

一方、フリーライドを許すと共同体が大きな危機にさらされる環境では、フリーライダーは激しく攻撃されます。そのような貧しい環境では、実際にはフリーライダーでなくとも、共同体の中で目立つだけでサンクションの対象になりかねないので、共同体内には特有の慣習が生まれることがあります。

カナダのトロント大学教授の人類学者リチャード・リーは、南アフリカのカラハリ砂漠の狩猟採集民クン族の慣習を徹底的に調査しました。砂漠という厳しい環境の中、クン族はいくつかの水場を定期的に移動しながら原始的な狩猟・採集をしています。

クン族では、狩りに行ってたまたま自分だけ大きな獲物を仕留めた場合など、自分から決して自慢してはいけません。狩りから戻ってきた人に対して、キャンプに残っていた人々は「今日はどうだった?」と聞きます。それに対して大物を仕留めた狩人は静かに「まあ、ちょっとだけ」と答えます。すると、尋ねた側は「ああ、大物を仕留めたのか」とわかるのだそうです。

つまり、クン族には「自分だけが得している」ように見せないよう、「控えめに語る」慣習があるのです。そうした謙遜をせずに大物ぶり、自分の能力を誇示する人物は忌み嫌われ、サンクションの対象となります。

その理由について、部族のある人間はリー教授に以下のように語ったそうです。

「自慢するような人間は『オレが首長だ』と思うようになり、自分以外を劣った人間とみなし、しまいには、うぬぼれで誰かを殺すことになるだろう」

なお、クン族の社会はそれぞれのメンバーがかなり平等であるとして知られています。一般的に、リソースに乏しい共同体ほど、自分が得たリソースを共同体に還元しなかったり成果を独り占めしたりするメンバーに対するサンクションは強まります。

日本社会が保守的になったのはなぜか

クン族の慣習は、謙譲が美徳とされ、出る杭は打たれやすい日本社会と通じる部分もあります。こうした社会では、成功者もフリーライダーも、どちらも叩かれます。そのため、成果を誇るのではなく、なるべく見せないように振る舞うことを学習します。

日本も歴史的には長い間、けっしてリソースの豊かな環境ではありませんでした。台風や地震など自然災害が多く、四季の変化が大きい風土の中で農耕を続けるのは、相当な困難を伴ったはずです。

とくに稲作が広く定着した奈良時代以降、日本人は集団で協力し合いながら農作業を営む必要性に迫られ、強固な結束力を持つ共同体が必要になったと考えられます。その結果、日本人はアクティブで冒険好きな遺伝子が淘汰され、共同体内の作業に向いた遺伝子をもつ個体が生き延びてきたのだと推測されます。

実際、日本を含む東アジア諸国の人間は他の地域に比べ、行動の積極性にかかわる遺伝子「セロトニントランスポーターLL型」を持つ人が少ない傾向にあることがわかっています。79ページで説明したように、セロトニントランスポーターLL型の人は、セロトニンを効率よく使い回すことができるため、多少のリスクがあってもあまり気にせず、楽観的な振る舞いをする傾向になると考えられます。当然、恋愛・生殖に対しても奔放になると考えられます。

逆に日本を含む東アジア諸国に多いSS型の人は、不安傾向が強く、リスクに対して慎重になります。恋愛・生殖においても冒険を好みません。つまり、日本を含む東アジアの人々は保守的で変化を好まず、危険な兆候やリスクに対して敏感な遺伝子を受け継いできたといえます。

不倫バッシングもなくならない

第2次大戦後、日本は急速に豊かになりました。バブル崩壊後の約4半世紀は低迷に苦しんできましたが、それでも名目GDP（国内総生産）は世界第3位であり、現代日本は過去の時代に比べれば、はるかに豊かになっているはずです。

それにもかかわらず、日本では不倫バッシングをはじめとする「フリーライダー叩き」が盛んです。これは、変化のゆるやかな遺伝子が、社会変化の速さについていけないという過渡期ならではの現象なのかもしれません。豊かになった社会に、私たちのほうが適応できていない、ということです。

このように見てみると、私たちの脳内物質とDNAが一夫一婦制に適したものになっていないために「不倫がなくならない」のと同じく、「不倫に対するバッシング」もまた、なくなることはないでしょう。

不倫に対して最大のブレーキになるのは、不倫をした人間に対するサンクションです。社会的名誉や地位、あるいは財産を失う人、あるいは共同体から排除される人が見せしめとなって、不倫を思いとどまらせるのです。

パートナーに対する「責任感」や「共感」は、ブレーキにはなりえません。「責任感」や「共感」といった高次の脳機能を担っているのは、前頭前皮質という脳の中の比較的新しい部位です。前頭前皮質は性的な快楽などに関わる報酬系（脳の原始的な部分）から遠い場所にあり、また、アルコール等で麻痺しやすい部位でもあります。そのため、理性では「夫（妻）を裏切れない」と思っていても、酒の勢いで目先の欲望に負けてしまうということが容易に起こります。

また、前頭前皮質を麻痺させるのはアルコールだけではありません。恋愛感情の高揚（つまりドーパミンの放出）によって前頭前皮質の機能が抑えられることもあるのです。

共同体から排除される恐怖は、「原始的な恐怖」とも言えます。なぜなら共同体からの排除は、原始社会では文字通り「死」を意味するものだったからです。それゆえ、サンクションは不倫へのブレーキとなりうるのです。

もっとも、排除の恐ろしさが想像できない人、「自分はなんとかなるだろう」「自分だけはバレないだろう」と思っている人には、ブレーキにはなりません。

不倫はなくならないし、不倫バッシングもなくならない――私たちが人類として有性生殖を続ける限り、この構造は続くでしょう。

不倫バッシングに熱心な女性たち

近年の日本における不倫事件を見ていて興味深いのは、不倫が発覚した際、男性よりも女性の方が叩かれがちなことです。そしてまた、不倫バッシングに熱心なのも、女性のほうです。男性の不倫事件は比較的早く忘れ去られ、また同性（男性）からのバッシングも起きにくい。しかし、女性の不倫はより大きく取り上げられ、しかも女性からの批判の声が大きい印象があります。

女性の不倫に対する批判が強いのは性差別だと指摘する人もいます。しかし、フリーライダーとサンクションの関係性で見た場合、フリーライド（不倫）をした結果、受け取るメリットが女性のほうが大きいからだ、と見ることもできます。

前述したように、妻が不倫相手の子を出産した場合、夫は自分のＤＮＡを持たない子どもを、相当なコスト（お金や時間）を割いてかなり長期間養育することになります。一方、不倫相手の子を出産した妻は、それが不倫の子であると露見しない限り、夫と不倫相手の両方から捨てられることはありません。不倫が露見して離婚されたとしても、不倫相手から養育費等の援助をもらう権利はあります。妻の不倫は、夫にはデメリット（負担）が大きく、妻にはデメリットが少ないのです。

夫の不倫はどうでしょうか。不倫相手の女性にリソースが流れるため、本来なら妻や妻の子が受け取れた愛情やお金などが目減りするので、妻にとって「得られたはずのものが手に入らない」という意味での機会損失は生じます。とはいえ、不倫された妻側がコストを追加で支払わされるわけではなく、「自分のDNAを持たない子を育てなければならない」という状況にまではなりません。妻の不倫が夫に与えるダメージほどの大きな損失にはならないのです。

もっとも、これはあくまで損得の計算上の話です。実際には、女性はオキシトシンの働きが男性より活発なため、夫の裏切りには激しく憤ることが多いはずです。また、不倫が発覚した男性に対して同性からの批判が少ないのは、男性側に負担（養育費、慰謝料、あるいは社会的地位の低下など）が相応にかかるため、それをもってサンクションがなされているとみなされるためだと考えられます。

妬みをかった代議士の不倫

もっとも、男性の不倫が女性に比べていつも大目に見られているわけではありません。たとえば、妻が妊娠中に他の女性と不倫をしていた代議士（当時）は、猛烈なバッシングを受け、2016年2月に議員辞職に追い込まれました。代議士が任期中に不倫という〝私事〟で議員辞職したのは前代未聞のことです。

この元代議士の場合、妻が妊娠中だったということ以外にも、バッシングされる要素がいくつもありました。男性国会議員として初めて「育児休暇」を取ることを明言し、〝イクメン〟ぶりをアピールしていたこと、その数年前には有力代議士の娘と結婚・離婚し、その際も女性問題が取り沙汰されていたこと、妻が切迫早産の危機に直面していたにもかかわらず自宅にグラビアモデルを招き入れていたこと、テレビカメラを避けるため国会内で走って逃げたことなどです。こうした点がまさにフリーライダーの挙動として世間に受け止められ、サンクションを求める世論を盛り上げる要因になったと考えられます。

ただ、この元代議士を「生物のオス」として考えれば、彼の行為はきわめて合理的です。妊娠中のメスは新たに子どもを作れないため、オスは次のメスを探しに行く。これは生物の世界では一般的な振る舞いです。もっとも、人類は他の生物とは違う規範を持っているので、他の生物のオスでは一般的だからといって、この元代議士の行為を正当化できるものではありません。

この件よりもさらに激しく炎上したのは、17年9月に浮上した女性代議士の不倫疑惑です。このときは、同じ女性からのバッシングが目立ちました。高学歴で仕事の上でも高いポストにつき、家庭もあるという〝勝ち組感〟が、とりわけ女性の妬みの心を刺激し、フリーライダーの検出モジュールに引っかかってしまったのではないかと考えられます。

出産・育児のためにキャリアを断念した主婦は「私は仕事をあきらめたのに、あの人は国会議員なのに不倫？」と感じるでしょう。独身女性は「私は結婚できないのに、あの人はいい思いばかりしている」という思いを抱くかもしれません。

ミュージカルの子役出身、元検事といったクリーンなイメージや、「保育園落ちた、日本死ね」と題したブログの記事を国会で取り上げて主婦層に寄り添う姿勢を見せていたことも、バッシングに拍車をかける要因になったと推測されます。しかも前出の元代議士の不倫が発覚した際、この女性代議士は彼の行為をテレビ番組で厳しく批判していたのです。

また、この行為は「一般女性にはできない快楽」を享受しているかのように、一般女性の眼には映ったはずです。男性と比べて女性の不倫は相対的にデメリットが少ないからといって、世間の女性のほとんどが積極的に不倫できるかといえば、そんなことはありません。心のどこかで「めくるめく恋愛をもう一度してみたい」「夫とのセックスでは満たされない」という思いを抱えていたとしても、金銭・時間・人間関係などさまざまな障害があり、そう簡単には不倫できません。

しかし、この女性代議士は不倫相手のクルマに同乗し、週4回ホテルで会っていたと報じられてしまいました。事実関係の真偽はさておき、この報道を一般女性の眼から見ると、いとも軽々と障害を飛び越えて不倫を楽しんでいるかのように見えたことでしょう。だからこそ彼女の行動は妬みを誘発し、サンクションの対象にされてしまったわけです。

時代とともに変わるサンクション

何がサンクションの対象になるのかは、その共同体によって異なります。

欧米のように個人主義が強い社会では、日本ほど不倫に対するサンクションは起きにくいと考えられます。１９９８年にアメリカのビル・クリントン大統領（当時）の不倫が発覚した際は大きなバッシングが繰り広げられましたが、より問題とされたのは不倫そのものより、法廷での偽証のほうでした。フランスでは81年にフランソワ・ミッテランが大統領に就任した直後、女性問題について記者から質問された際、「Et alors ?」（それが何か？）と受け流したことがあまりにも有名です。

日本においても、時代によって全く様相が異なります。伊藤博文、井上馨、山県有朋など、維新の元勲たちの放蕩ぶりはいまだに語り継がれていますが、それがもとで失脚した人物はいません。戦後になっても、49年に園田直（すなお）代議士と松谷天光光（てんこうこう）代議士の党派を超えた不倫が「白亜の恋」として話題になり、妊娠が発覚した後の会見で園田代議士が語った「厳粛なる事実」という言葉が流行語になりました。今で言う「できちゃった不倫婚」で、当時としては相当に衝撃的な出来事でしたが、これによってバッシングが盛り上がったり議員辞職に追い込まれたりといったことはありませんでした。

ほんの10年単位でも、トレンドは大きく変動しています。今では不倫報道が目立つ週刊誌も、十数年前までは政治家や企業のスキャンダルのほうを大きく取り上げていました。

こうしたトレンドの変化を見ても、人間の社会性は脳内において論理的に構築されているのではなく、非常に感情的に動機付けられているということがわかります。

ポピュリズムを喚起するメカニズム

フリーライダーを検出するモジュールとして「妬み」という感情が用いられていることを説明しましたが、サンクションをより強める働きをしているのは、オキシトシンがもたらす内集団バイアスと外集団同質性バイアスです。

内集団バイアスと外集団同質性バイアスは、そこかしこに見られます。たとえばネット右翼（ネトウヨ）は安倍晋三総理が大好きです。そして、アメリカのトランプ大統領も支持します。トランプ大統領は一貫して「アメリカ・ファースト」であり、日本の利益については何ら考慮しているようには思えません。しかし、自信たっぷりにストレートな物言いをするトランプ大統領の発言に、ネトウヨは喜んでいるようです。一方、中国や韓国のことは大嫌いです。

おそらく彼らの脳内には、善玉（安倍総理、トランプ大統領、改憲派）vs.悪玉（中国、韓国、北朝鮮、護憲派）といったバイアスが定着しているのだと考えられます。安倍総理が選挙演説をヤジられて「こんな人たち」という言い方をしたことがありましたが、これも思わずウチとソトを分ける意識が出てしまったのでしょう。さきほども述べたように、こうした行動はオキシトシンの働きが強い人たちによく見られる行動パターンです。

ウチとソトを分け、ソトを攻撃してくれる政治家が現れると、リソースの貧しい環境におかれた人ほどコロッと転ぶことが予測されます。排外主義は、集団内部の人からすれば、自分に利益をもたらしてくれる行動に見えます。自分の集団に利益をもたらすために外部を攻撃している、と見えるからです。それによってオキシトシンの働きが強まり、ますます内集団バイアスと外集団同質性バイアスが強まるというサイクルが生まれます。

たとえばトランプ大統領は、メキシコや非白人に対する発言を見ればわかるように、外集団に対する威嚇を巧妙に使います。それによって自分の支持者が結束することをよく知っているのです。もっとも実際にはトランプ大統領本人は大資産家であり、大局的には資産家に有利な政策を進めているだけのようです。

こうしたシステムを統治にうまく用いているのはトランプ大統領だけではありません。ロシアのプーチン大統領、中国の習近平国家主席、北朝鮮の金正恩委員長、イスラム原理主義の指導者など、数多く見受けられます。

「ポピュリズム」という言葉で片付けられている全世界的な風潮の背後に、こうした脳内物質が関与する排除とサンクションのメカニズムがあることは、知っておいたほうがよいでしょう。

過剰な「反日」と「不倫叩き」の裏にあるもの

排外感情を分析する上で、オキシトシンだけでなく、セロトニンの働きにも着目する必要があります。オキシトシンとセロトニンは互いに影響しあっているからです。

セロトニンは心身の安定、心の安らぎに関わり、怒りや不安などの感情を抑制する神経伝達物質ですが、セロトニン神経細胞の一部にはオキシトシンの受容体があります。金沢大学医学部附属病院神経科精神神科の廣沢徹助教らが行った研究では、自閉症スペクトラムの患者にオキシトシンを投与したところ、脳内のセロトニンが増えたことが確認されています。また、オキシトシンが減ると、セロトニンが減ることも示唆されているのです。

先にも述べましたが、東アジアの人々は他の地域の人々に比べ、セロトニンをリサイクルして使い回すためのタンパク質を左右する「セロトニントランスポーター」の遺伝子が「ＳＳ型」の人が多いことがわかっています（79ページ参照）。セロトニントランスポーター遺伝子が「ＬＬ型」の人は、セロトニンを効率良く使い回すことができるため、リスクを恐れず野心的で楽観的な振る舞いをする傾向があります。逆に「ＳＳ型」の人はセロトニンが相対的に減りやすいため、不安傾向が強く、リスクに対して慎重になります。

つまり、東アジアの人々は、危険な兆候やリスクに対して敏感であると言えます。

セロトニントランスポーター遺伝子の割合分布の比較調査対象となった29カ国の中で、ＳＳ型かＳＬ型を持つ人の割合は日本が最も多く、約98％です。次が韓国で、日本よりやや少なく、中国は約60％です。中国は日本ほどではありませんが、それでも国際的に見れば高いレベルです。

東アジアにこれほどセロトニントランスポーターの密度が低い民族が集中しているということは、注目に値します。また、これがさまざまな政治・外交面での軋轢の遠因になっているのではないかと考えることもできます。

セロトニンが恒常的に不足している場合、安心感を得るためにオキシトシンを利用する、という現象が起きます。ストレスを解消するために、セロトニンではなくオキシトシンに頼るわけです。

一方、オキシトシンは内集団バイアス、外集団同質性バイアスを高める働きがあります。これによって、ストレス解消と排外感情の盛り上がりがリンクしている可能性もあるのです。

オキシトシンの作用によって排外感情が盛り上がっている共同体では、フリーライダー(不倫などをする人)の存在が発覚した場合、過剰にそれを叩くということも予想されます。そして不倫を叩くことによってストレスを解消する、という流れです。不倫をマスコミが執拗に叩くのは、それによってストレスを解消する読者のニーズがあるからです。

これは不倫だけではありません。中国や韓国の反日活動家は、日本のことを悪く言えば言うほど結束が強まっているように見えます。日本のネトウヨも、在日コリアンの排斥を叫ぶことで、快楽を感じているようです。

ここにもセロトニンの不足とオキシトシンの過剰があるのかもしれません。

同調圧力とドーパミン

不倫バッシングには、共同体のルールからの逸脱を許さない「同調圧力」も働いているように見受けられます。日本は同調圧力の高い社会だと指摘されることが多いですが、はたして実際はどうなのでしょうか？

同調圧力については、以下のような実験があります。

まず、被験者にある課題を与えます。その際、課題をこなすためのルールを実験者が被験者に指示するのですが、わざとウソのルールを教えます。そして、被験者がその課題をこなすうちに「どうもおかしいぞ？」と気づくように設定されています。

この実験の結果、被験者の反応は二手に分かれます。「たぶんルールの説明が間違っているのだけれど、指示されたとおりにやろう」という反応、もしくは「ルールの説明が間違っているので、本来の正しいルールでやろう」という反応です。

両者の遺伝子を比較すると、ドーパミンの分解酵素の1塩基多型に違いが検出されました。これは、分解酵素の塩基のうち1つだけが置き換わっているという違いです。たった1つの塩基の違いによって、分解酵素の活性が違ってくるため、前頭葉におけるドーパミンの量が早く減りやすいか、それとも残りやすいかの違いを生むのです。

ドーパミンが減りやすい人は、自分で物事を決定することに快楽を覚えるタイプではありません。そのため、他人から指示されたルールに疑問を抱いたとしても「とりあえず、指示通りにやっておこう」と判断します。同調圧力に従いやすいタイプです。

一方、ドーパミンが残りやすい人は、自分で物事を決定することに快楽を覚えます。課題の途中で「どうもルールの説明が間違っているらしい」と思ったら、どんどん積極的にルールを変えていきます。こちらは同調圧力には従いません。

同調しやすい遺伝子を持つ日本人

じつは日本を含む東アジアの人々のうち70%以上はドーパミンが減りやすいタイプの遺伝子を持ち、ドーパミンが減りにくいタイプの遺伝子の持ち主は30%以下です。この差が日常生活の中で大きな性格の差となってあらわれるわけではありませんが、「自分でメニューを決めるのは、ちょっとしんどいなあ」「他人から店を決めてもらったほうがラクだなあ」といった程度の差は確実に生じます。この実験データからみると、やはり日本人は他人の指示になびきやすく、日本社会は同調圧力が高いのかもしれません。

世界的に見ると、なぜかヨーロッパだけ、ドーパミンが残りやすい遺伝子をもつ人々が多数派になります。ヨーロッパではドーパミンが減りやすいタイプは、40％以下です。

このデータから考えると、ヨーロッパは同調圧力に従っていては生存に不利な環境、もしくは自分で判断しながら食物を探すほうが生存しやすい環境だった可能性があります。たとえばヨーロッパの伝統的な農作物は麦ですが、稲作ほど集団的な規律は求められません。また、中世ヨーロッパが数多くの冒険家を生み、植民地を開拓して帝国主義へと発展して行ったのは、「自分でルールを決めたい」という志向性と関係があると思われます。

対照的に東アジア、とりわけ儒教圏では、むしろ支配される喜びのほうが自由の喜びよりも大きいように見えます。儒教圏では厳然たる華夷秩序の下、みずから新しい学問を切り拓くのではなく、権威によって定められた古典を忠実に暗記することが支配体制の礎になってきました。地理的・気候的な条件から、「支配を受け入れやすい人々」のほうが適応的になる環境では、儒教的な道徳観念が浸透しやすかったのかもしれません。そうした共同体の中では、家族の形態は伝統的に家父長制度的であり、婚外子は差別されてきたと考えられます。

次の章では、改めて恋愛、結婚、生殖の関係について考えてみることにしましょう。

第5章　不倫をやめられないあなたへ

結婚と不倫はどちらがトクなのか？

現代の日本において、結婚することは合理的な選択なのでしょうか？

子孫を残すという意味での損得については、一夫一婦でも一夫多妻でも多夫多妻、一妻多夫でも、その社会制度で許容されている婚姻形態を取ったほうが、誰ともパートナーシップを結ばないことに比べれば、当然のことながら子どもをより多く残せます。

「一人口は食えぬが、二人口は食える」と昔は言いました。「独身でいるより世帯を持ったほうが経済的な負担が少なくて済む」という意味のことわざです。しかし、現代の日本社会では「結婚する方がむしろコストが大きくなる」と感じている若者が増えているようです。

男性の場合、低所得者層は高所得者層に比べて結婚できない傾向にあることはよく知られています。世帯を持ったほうが経済的な負担が少なくなるのであれば、低所得者層ほど結婚率が高くなるはずですが、現実はそうなっていません。結婚に至るまでの恋愛と交際、そして結婚生活にコストがかかるので結婚しない（できない）のです。

貧富の格差がある状況では、経済力のある男性が複数の女性の生活負担を一手に引き受ける一夫多妻のほうが合理的な選択になってくるということを説明しましたが（45〜50ページ参照）、現代日本も高所得者層の男性に女性が集中している点を見る限り、貧富の格差が拡大してきたと言えるのかもしれません。

一方、女性の場合は年収が高い職業ほど未婚率も高い傾向にあります。総務省「就業構造基本調査」を元に教育社会学者・舞田敏彦氏が年収と未婚率の相関を調査した結果です。

これにはさまざまな理由が考えられますが、日本では職場の産休、育休制度が不十分なこともあり、高所得者の女性ほど、結婚によって失うものが大きいことが考えられます。妊娠、出産して今現在の仕事、ないし同等の収入を得られる仕事に復帰できるかどうかの見通しは立ちにくいものです。ゆえに高収入の女性たちは「結婚するとデメリットやリスクが大きくなる」と考えるのが自然です。

結婚する男性は長生き、不倫する男性は早死に

視点を変えて、結婚するのとしないのとでは、どちらが長生きできるかを見てみましょう。

国立社会保障・人口問題研究所「人口統計資料集」には「性、配偶関係別20歳時及び40歳時平均余命」の調査があります（1955年〜95年までのデータのみ）。これは未婚、有配偶（既婚）、死別、離別に分かれていますが、いちばん新しい95年のデータを見ると、20歳時点でも40歳時点でも、男女ともに配偶者がいる場合の平均余命がもっとも長いことがわかります。

40歳時点での余命を比較すると、男性の場合は未婚では30・42年、有配偶では39・06年、死別では34・95年、離別では28・72年となっています。

女性の場合は未婚37・18年、有配偶45・28年、死別43・32年、離別40・49年です。

男性の方が、伴侶を失ったあとの平均余命の短くなる度合いが大きく出ています。

この傾向は日本だけではないようで、2012年に行われたアメリカのロチェスター工科大学の研究では、「妻を亡くした男性は、平均よりも早死にする可能性が30％高い」という結果が出ています。

また、東京大学大学院・近藤尚己准教授がハーバード大学の大学院生と行った研究でも、男女ともにパートナーに先立たれると早く死亡してしまう傾向があるとしています。ただし、男女に分けて調べると、男性の場合は死亡リスクが23％の増加だったのに対して、女性はわずか4％の増加にとどまる——やはり女性の方がパートナーが亡くなってもダメージが少ないということがわかっています。

第3章でご紹介したハリー・ハーロウやフリードリヒ2世の実験でもわかるとおり、人間は免疫機能を十分に発揮するためにも他者とのふれあいが必要なのです（90～98ページ参照）。

孤独な生活は、認知症になるリスクを高めてしまうこともわかっています。独身男性の寿命が短い理由も、パートナーがいないと食生活をはじめとする生活サイクルが不摂生になりやすいということよりも、もともと男性の方が女性よりもコミュニケーションが苦手であり、年を取ってから新しい関係を築くことが不得手だということが、大きな要因だと推測されています。

一方、女性は夫がいなくても家庭の外に人間関係をつくることが得意なため、深刻なダメージを受けにくいようです。

女性は夫との死別、離別から受ける影響が軽度とはいえ有配偶のほうが平均余命は長く、未婚と有配偶の平均余命の長さは約8歳ですから、やはり結婚生活をつづけたほうが長生きするには得なようです。

じつは、不倫している男性は早死にする傾向にあります。その原因についての研究者たちの見解は、「複数の異性を同時に愛するのは肉体的、精神的な負荷が大きいためではないか」というものです。とくに若い女性と不倫すると、早死にの確率が増すようです。

一方、不倫している女性の寿命が短くなるという研究は見当たりませんが、秘密の関係を続ける負荷は、もちろん女性側にもあるでしょう。不倫は妬みの対象になりますが、実際には板挟みになったり、周囲にバレないように振る舞わなければならないなど、心理的な負荷は大きいでしょう。もっとも、そうした困難とスリルを乗り越えて得られる快楽だからこそ、不倫にハマる人が多いのかもしれませんが。

このように見てみると、不倫は必ずしも合理的な行動とは言えません。純粋に生物としての損得を見た場合、本人の生存確率が上がるか、子孫を増やす確率が上がらなければ、合理的な行動とはみなせないからです。

農耕が始まる前の人類にとっては、乱婚のほうが効率よく子孫を残せたかもしれません。しかし一夫一婦制が根づいたように見える現代日本社会では、不倫する男性は寿命を縮め、男女問わず不倫相手とは子どもをもうけることが困難です。日本で婚外子は全体の2・3%しかおらず、国際的に見ても韓国（1・9%）に次いで最も低い部類に入ります。また、中絶率もきわめて高いのです。

現代社会では賢い選択とは言えないのに、不倫に走る人がこんなにも多いのは、やはり私たちの遺伝子と脳の仕組みが一夫一婦制向きにはできていないことの何よりの証拠ではないでしょうか。

「自分は絶対バレない」という思い込みは危険

最近発覚した著名人の不倫のなかには、非常に大胆な行動がありました。新幹線の車内で手をつないで眠っていたり、スマホに保存してあった写真が流出したり……。

2017年に不倫が報じられた2回生代議士（当時）は、不倫相手の女性とハワイで〝挙式〟までして写真を撮ったり、その女性宅に深夜に何度も押しかけて警察沙汰になったり、別の女性代議士との〝二股〟まで浮上した挙句、その女性代議士の事務所のFAXから否定のコメントを報道機関に流すなど、自爆としか思えない挙動を繰り返しました。結局、それが仇となって、この2回生代議士は立候補を断念、女性代議士は落選しています。

「こうした人とは違って自分は用心深いので、絶対バレない」「万が一、バレたとしても、自分はうまくごまかせる」と、自信を持って不倫関係を続けている人がよくいます。

これは、危機が迫っていても「自分だけは大丈夫」と思い込んでしまう「正常性バイアス」のひとつのバリエーションと言えるかもしれません。

正常性バイアスは人間の認知の歪みのひとつです。人間の脳は、なるべく脳にかかる負荷を避けたいと思っているため、少々の範囲の異常事態であれば「正常」だと認識するようになっています。ちょっとした変化にもいちいち過敏に反応していたら、そのぶん余計にコストを浪費してしまい、脳も身体も持ちません。その点、正常性バイアスは私たちが日常生活を営む上で必要なものでもあります。

ところが、大災害の時にはこれがマイナスの作用をもたらすことがしばしばあります。たとえば、目の前に火災が迫ってきたり大地震が発生したりしても、「正常の範囲内」とみなしてしまい、逃げ遅れてしまうということがあるのです。実際、2011年の東日本大震災や、2005年にアメリカ南部を襲ったハリケーン「カトリーナ」の時には、正常性バイアスが作用して被害が拡大したことが多くの防災学者の研究によって指摘されています。

「恋愛→結婚→生殖」は絶対的なものではない

現在の一夫一婦制の下では、結婚とは恋愛を前提にするものであり、愛した（＝結婚した）相手とセックスをし、子どもを作るのが当然であり、それ以外の恋愛も生殖も異常なものとされています。こうした恋愛と結婚と生殖（恋愛→子作り→子育て）を三位一体で不可分のものとする考えは社会学者などから「ロマンティック・ラブ・イデオロギー」と呼ばれています。

しかし、この考えはまさしく「イデオロギー」に過ぎません。本書で見てきたように、生殖のためには、恋愛と結婚は決して必須のものではありません。恋愛も結婚もしなくても、人類は子孫を残してくることができたのです。私たちは現在、「恋愛→結婚→生殖」の流れを当然視していますが、実は時代によって大きく変わってきています。

紀元前9世紀、スパルタの政治家リュクルゴスは、生殖能力のない高齢男性が自分の若い妻に若い男性を紹介し、その若者との間にできた子を高齢男性の子とみなすことを許容しました。また当時は、子だくさんな人妻を見初めた男性は、その女性に子どもを産んでもらうために、その夫に「妻を貸してほしい」と頼むこともできました。

古代ギリシアはホメロスの頃から一夫一婦制が基本となっていましたが、正妻の役割は子どもを産むことでした。夫からの離婚は簡単にでき、多くの裕福な市民が内縁の妻を囲って、一緒に暮らしていました。

古代ローマでも、結婚は双方の合意でなされるものですらなく、妻は軽んじられ、しかし夫は奴隷の女性や少年を性的な対象として扱ってもよかったのです。アウグストゥス帝は貴族階級における正妻の出生率低下と女奴隷からの出生件数の増加、若者の遊女屋通いを問題視して、姦通を罰する法を作ったほどです。

しかし農耕が広まり、集団農作業に向いた共同体を作るようになって以降、人類は一夫一婦制の結婚が主流になりました。３１４年にコンスタンティヌス帝がキリスト教徒になり一夫多妻を廃止し、その後もヨーロッパの多くの国で一夫一婦が義務づけられました。しかし実態はどうかといえば、慣例的には、支配階級を中心に、一夫多妻はそのあとも社会のあちこちで続いたのです。そこで「結婚→生殖」の流れが出来たことになりますが、それでもまだ「恋愛」は繫がっていません。

中世になると、キリスト教式の結婚では夫婦双方の合意が必要になりました。その影響で、ついには肉体の解放と快楽の追求がルネサンスへと繫がり、16世紀から18世紀にかけて恋愛結婚が民衆から始まって上流階級にも広まり、性的な放蕩も広まって行ったのです。

それ以降、恋愛と結婚と生殖が三位一体であるというイデオロギーが花開いたのです。

ロマンティック・ラブ・イデオロギーは、さまざまな芸術を生み出し、今日でも芸術の大きなテーマとなっています。

ところが第2次大戦後に澎湃(ほうはい)として巻き起こったウーマン・リブにより、今度はその三位一体幻想がフェミニストたちから攻撃されることになります。

一方、日本を含む東洋においては、結婚は「家」同士で行われるものでした。両家の繁栄が末永く続くよう、男系の血統を守り、遺産を確実に相続するためになされたのです。

近代以降も、結婚は「お見合い」が主流でした。その一方で、「夜這い」など奔放な性の風習もあり、恋愛と結婚と生殖のホンネとタテマエはうまく使い分けられていました。

「結婚→生殖」に「恋愛」の要素が不可欠なものとして入ってきたのは、戦後のベビーブーマーたちに恋愛結婚が流行しだしてからと言ってよいでしょう。

結婚と生殖のバランスは、今でも国や民族によって大きく違います。

たとえば、太古のインカ人をはじめとする諸文明、あるいは現在でもニューギニアのバルヤ族、ビルマのカチーヤ族では独身でいることは事実上禁じられ、結婚しないのは聖職者、シャーマンなどに限られています。彼らは結婚と生殖を結びつけ、共同体を維持しようとしているわけです。また西洋では古代から近世まで、夫婦間での恋愛感情は問題にならず、性的な快楽を追求する相手だとは思われてきませんでした。
ともあれ、結婚には「あるべきかたち」など、本来はないのです。

生殖しないからこそ恋愛は美しい

生殖と恋愛が別個のものであることの証左として、「生殖のための恋愛」ではないところにこそ恋愛の美しさの本質はある、という考えもあります。

美少年同士の恋愛を描いた小説で知られる栗本薫は、「なぜやおいが女性に人気があるのか？　生殖しないからこそいいのだ」と指摘していました。今ではボーイズラブ（BL）と呼ばれる美少年同士の恋愛を扱った作品が「やおい」と呼ばれていた1980年代のことです。

セックスによって嫌でも生殖（妊娠）してしまう肉体を生まれ持った女の子たちは、思春期の自分の肉体に戸惑いを感じ、生殖から切り離された純粋な恋愛に憧れを感じるようになる。だからこそ、美少年同士の恋愛を純粋で美しいと感じるのだ、と。

BLを愛好する人の中には、「BLが『男と男の本当の恋愛』であるなどとは思っていない。作中に登場する男性は、生殖しない存在という『記号』である」と指摘する意見もあります。生殖と恋愛は別のものであり、生殖から切り離された恋愛には、純粋な恋愛の美しさがある。だからこそ、ＢＬには根強い需要があるのだという指摘です。

生殖や結婚から離れて恋愛の価値を描こうとする姿勢はＢＬに限らず、古典文学にも見られます。たとえば『源氏物語』があります。光源氏は、出会った当初は10歳だった紫の上を囲って育て、妻としますが、紫の上は子どもを産みません。その後、女三宮が降嫁しますが、光源氏にとって彼女は社会経済的な地位を保持するための「トロフィー・ワイフ」的なものであって、恋愛感情はなく、あげく寝取られて、ふたりの子ども（薫）は女三宮と柏木の間にできた子です。

ただ、当時の貴族社会では子どもを産む役割は身分の低い女に担わせる傾向にありました。『源氏物語』からは、基本的に子作りや子どもを介在させず、男女の恋愛にフォーカスして語られているような印象を受けます。紫式部、そして彼女の周囲にいた当時の貴族階級は、生殖を伴わない恋愛のほうが美しいと思っていたのかもしれません。

恋愛には恋愛特有の価値があるとする考えは、洋の東西、そして古今を問わず文学作品では珍しくありません。恋愛は結婚や生殖とは別物であることを、人類は自然に認識していたのです。

恋愛至上主義で日本は破滅する

ところが日本社会は戦後、恋愛結婚をベースにした家族構築がモデルとされてきました。そのモデルが失敗した結果、衰退に直面しているといえます。結婚しない若者が急増しているのは、「恋愛→結婚→生殖」をあまりにも一般的な「あるべき姿」として、社会全体に認知させてしまったためだと考えられます。

とくに戦後民主主義の浸透によって伝統的な「家」が否定された結果、お見合いは「家」制度を前提とした、家を維持するために行われるもの」であり、忌むべき戦前の遺物に映ったのかもしれません。

戦後ベビーブーマーが適齢期を迎えた1960年代以降、自由恋愛やフリーセックスを是とする左翼的な価値観の盛り上がりもあり、「親や親戚に紹介されるのではなく、自由に、自発的に恋愛するのが良い」という宣伝が過剰にされ、お見合いのイメージは悪いものになってしまいました。

お見合い結婚から恋愛結婚へのシフトは、団塊世代（1947〜49年生まれ）から急激に進んでいます。1949年には恋愛結婚は2割にすぎなかったのが、60年代後半にはお見合い結婚の件数と等しくなり、今では9割近くを占めています。

もっとも、昨今の「婚活」も、男女の出会いを仲介する存在が親や親戚、町の有力者や会社の上司などから業者に変わっただけで、かたちを変えたお見合いとも言えます。

しかし、婚活市場では恋愛結婚を夢見る人が多すぎるために、かつてのお見合いほどの高確率で結婚に至ることはできていません。恋愛至上主義を捨て、一夫一婦制を緩めることが少子化対策として有効なことは、フランスにおける政策を見れば明らかでしょう。

草食化の増加の裏に

結婚や生殖（セックス）どころか、最近の若者は「恋愛」からも離れています。いわゆる「若者の草食化」です。「2次元に生きているので、リアルな生活では恋人も子どももいらない」といった人たちが、今では少なくありません。

たとえば、内閣府の平成26年度「結婚・家族形成に関する意識調査報告書」によると、現在交際相手のいない20代男女のおよそ4割が「恋人が欲しくない」と答えています。これは30代より約8％多い結果です。また、20代男女で「恋人が欲しくない」と答えた人のうち、その理由として半数近くの人が「恋愛が面倒」「自分の趣味に力を入れたい」と答えています。

また、日本性教育協会が6年ごとに行っている「青少年の性行動全国調査」の第7回（2011年）では、1974年の調査以来、2005年まで高校生・大学生のキス経験率、性交経験率はほぼ右肩上がりを続けていたのが、2011年にはついに反転し、1993年時点の水準に戻りました。性交経験率は大学生男子で6割弱、女子で5割弱です。

しかし、そうした若者たちも性的な快楽は得たいので、さまざまな解消手段をとっています。異性との交際はせずに性的行為で得られる快楽だけを増幅させる、あるいは性的行為の快楽を別の手段で得る……実物の異性を介さない性欲解消がネットの発達によって比較的容易になっていることも、若者の草食化に拍車をかけているようです。

こうした現象の背景には、愛着スタイルが回避型の若者が増えていることがあるのではないかと推測されます。回避型愛着スタイルの人口割合は、欧米では2割程度とされます。日本は1958年に札幌で満1歳児を対象にした研究では1例も認められなかったのが徐々に増えて欧米並みになり、近年行われた大学生を対象とした調査では約4割にまでのぼりました。

これには、オキシトシン受容体が増える乳児期の環境が関係しているのではないかと推察されます。つまり、子育て環境の変化、社会におけるスキンシップのありかたの変化、親子関係の変化などです。欧米では「子どもの独立心を促すため」として、赤ん坊とのスキンシップは控えめにし、母乳ではなく人工乳で育て、泣いても放っておくことが主流だった時期がありました。日本でもそれに倣う風潮が見られました。

しかし、さきほど述べたように、乳児期に母親との愛着形成がうまくいかなかった子どもには健康面でもさまざまなリスクが生じてくることが明らかになってきました。母子の愛着形成には肌の触れあい、触覚的な刺激も重要だったのです。欧米では母子のふれあいを見直す風潮が広まっています。

日本において回避型の若者が増えているということは、欧米型の子育てが周回遅れで普及したためとも考えられます。

その結果として、社会性を持たない〝2次元の恋愛〟に救いのようなものを求める若者や、社会の枠組みに収まることをよしとせず、誰とも距離をとった関係を築きたくて不倫に走る人が増えているのかもしれません。

婚外子を認めて人口増に成功したフランス

少子化対策という点からしても、恋愛や結婚に頼らずに生殖を増やす方法を国家レベルで考えていく方が効率的です。

たとえばフランスは、婚外子への差別をなくすことによって出生率を高め、非常に成功していることでも知られています。すでにフランスでは新生児の5割以上が婚外子です。

法的に婚外子を認めただけではありません。3歳になるとみな保育学校に入学できる（フランスでは3歳以降は日本で言う「待機児童問題」が存在しない）、拒んだ雇い主には罰金が科せられる産休を男女ともに法制化、妊婦は基本的に医療費ゼロ負担……といった施策を組み合わせて、産みやすく、育てやすい社会づくりを進めてきたからです。

その結果、1994年に1・66にまで下がった出生率が、2010年には2・00まで回復しました。

婚外子の割合はフランス以外の西欧諸国でも増えており、イギリスでも5割に近づいています。規律に厳しいイメージのあるドイツでさえ、すでに婚外子は3割を突破しました。ノルウェー、スウェーデンなど北欧諸国も婚外子が5割を超えています。

これらの国に限らず、出生率が上向き、または比較的高い水準を維持している先進国の多くは、非摘出子（婚外子）の比率が高いです。これは婚外子を産みやすく育てやすくするための政策を打ち出していることと深い関係があります。

その背景には、「恋愛と結婚と生殖（セックス、子育て）は一体のものである」という考えを、絶対のものとは見なしていないことがあります。だからこそ、こうした先進国では過剰な不倫バッシングも起こりません。

日本人の感覚からは想像できないほど、世界の国々では「女性が妊娠したら結婚するのが当たり前」ではありません。

経済協力開発機構（ＯＥＣＤ）の２０１４年調査では、出生数における非摘出子の比率は、高い国から順に言えばチリ71・１％、コスタリカ69・４％、アイスランド66・９％、メキシコ64・９％、ブルガリア58・８％と、半数以上に及ぶ国が10カ国以上、３割以上なら30カ国以上もあります。単なる理屈ではなく、実態としても「生殖と結婚は一体のものではない」のです。

不倫は、セックスと恋愛を享受するためのものですが、日本では、そこから生殖への道にはつながりません。これは人々の価値観だけが変わってもどうにもなりません。たとえ不倫相手の子どもであっても産んでいい、育てていいという社会をつくるのは、政治の役割です。社会と政治が協働して、恋愛、結婚、生殖のバランスを変えていくことは、不可能ではありません。

もちろん、婚外子への財産相続をどうするかといったテクニカルな問題はいくつもありますが、フランスなどの例を見ているかぎり、社会制度の変更で対応できるはずです。

中絶大国ニッポン

一方、日本では人工妊娠中絶が年間18万件以上も発生しています。年間の出生件数が約100万件であることを考えると、本来ならば生まれてくるはずの子どもの約2割は中絶によって生まれなかったという計算になります。もちろん、この割合は世界トップクラスです。中絶件数はこれでもまだ減少したほうで、1990年代には年間30万件を突破していたほどです。

日本で中絶件数が多い理由として、中絶に対する宗教的なタブーがないことなどが挙げられますが、やはり最大の理由は婚外子を育てにくい社会システムにあると考えられます。婚外子に対する差別はそこかしこに残っており、社会的な偏見も厳しいものがあります。「家」を単位とした考えが残っているため、不倫に対するサンクションだけでなく、生まれてきた婚外子にもサンクションがある。つまり「家」ごとサンクションの対象となってしまうわけです。

そうした中、日本社会は急激な少子高齢化が加速しています。少子化対策を考えるのであれば、はたして不倫バッシングに明け暮れている場合なのでしょうか。

むしろ婚外子を社会的に許容し、妊娠した女性が中絶ではなく出産・子育てを選べるような社会制度を充実させることを真剣に考える時期に来ていると思います。

多様なパートナーシップを許容する

もっとも、人間は生殖だけを目的として生きているわけではありません。パートナーシップを築く目的は、人それぞれに異なるでしょう。異性との関係性を「切っても切れない一心同体」とするのか、「限りなく友達に近い夫婦」とするのかは、それぞれの自由です。あるいは「１カ月に１回会えば十分だが、全く会わないでいると調子が狂ってしまう」という間柄だってありうるでしょう。

パートナーの行動に対する許容範囲も人によって異なるし、違っていていいはずです。「夫の不倫は許せないが、風俗だったら許せる」とか「異性と会食するのもダメ」とか、人によって幅があるはずです（もっとも、「異性と口をきくのもダメ」まで行くと、心理的なDVとみなされる可能性もありますが）。

不倫バッシングが盛り上がるなか、夫婦のかたちはそれぞれ違うという当たり前のことが見すごされているように感じます。

自分と相手にとって満足度の高い関係性であるための条件は、人それぞれです。それは社会的通念がどうとか他人からみてどうといったことではなく、当事者同士の問題であるはずです。しかし今の日本社会は、そうした当たり前のことが軽視されて、「一夫一婦制は絶対のもの」という前提でマスメディアやネット上での不倫バッシングが激しくなっています。

「結婚や生殖には恋愛が必須である」という考えから解放された、結婚や生殖に独立した価値を見いだす人がいてもいいはずです。

さらに多様化を推し進め、他者の振る舞いにも寛容になったほうが、結果として多くの人が生きやすい社会になり、また子どもの数も自然に増えて、結果として少子高齢化も改善されるのではないでしょうか。

犯人は「脳」

脳内の神経伝達物質の面から見ても、「恋愛、結婚、生殖は三位一体で不可分のもの」という考えは全くの幻想です。

恋愛感情がたかぶっているときにはドーパミンやノルアドレナリンなど、新奇なものへの積極性を増幅する物質が脳から放出されます。

性欲が高まっているときには、男性ホルモンであるテストステロンが放出され、攻撃的な性質を促進します。

しかし、結婚生活に必要であろうパートナーに対する穏やかな気持ちや愛着を感じるときにはオキシトシンが放出され、むしろ新奇なものへの積極性を抑え、共同体への結束を強める方向の働きをします。

もし恋愛、結婚、生殖が三位一体なのであれば、同じ神経伝達物質が分泌されるか、あるいは各物質の作用の間に何らかの関係性があるはずですが、人体はそのようにはなっていません。

恋愛、結婚、生殖が絡み合うことでもたらされる矛盾は、人間誰しもが抱えていることです。ひとりの人間が恋人、妻／夫、生活の共同運営者、母親／父親、セックスパートナーという多様な側面に応えることが難しいケースは、現実的に避けがたくあります。

逆に言えば、たとえ同じ相手とであっても、恋人として接するときと妻や夫として接するとき、生活を共同する経済的なパートナーとして接するとき、子どもの親として接するとき、セックスの相手として接するときとでは、それぞれの基準に合わせて自分の姿を変えなければなりません。そこに人間の難しさがあると言っても過言ではありません。

脳がなんとかそのつじつま合わせを可能にしたとも言えますし、そのバランス取りの苦しみを作り出している〝犯人〟が脳である、とも言えます。また、不倫はそのバランスの難しさを補完する機能を果たしている、と考えられないこともないのです。

矛盾を抱えて生きる

不倫遺伝子を持った人が少なからず存在する以上、繰り返しにはなりますが、今後も不倫がなくなることはないでしょう。また、人間が向社会的な動物であるかぎり、不倫に対するサンクションがなくなることもないでしょう。

すべての問題は、この矛盾から生まれています。

こうした矛盾があると、人は往々にして「矛盾を解決しなければならない」と思います。

しかし、不倫の矛盾を「解決する」とは、いったいどういうことでしょうか？

恋愛、結婚、生殖をめぐる問題は、古来より多くの人を苦しめ続けてきましたが、それゆえ多くの文化や芸術が生まれたといえます。突き詰めれば「人間であることの苦しみからいかに解放されるのか」にまで行き着くと言ってもいいくらいの問題です。

不倫を撲滅するとか、逆に結婚制度をなくすといったことは、非現実的です。人間も生物である以上、こうした矛盾や課題がもたらす苦しみを抱えながら生きる以外にないのです。矛盾といかに付き合うかを考える、あるいは矛盾を矛盾として味わう態度を身につける方が建設的です。

恋愛、結婚、生殖をめぐっては、いくつもの評価軸や価値規範があります。人類は、その矛盾を解消せずとも生きられる仕組みを、何万年もかけて作ってきたという言い方もできます。そうである以上、「不倫は悪」と過剰に叩いたり「夫婦はこうあるべきだ」と断定的に決める必要はありません。そうしたところで、幸せをもたらすとは限りません。

矛盾する両極を内包しながらも、智恵を働かせて生きていくのが人間ではないでしょうか。

柳原白蓮、林芙美子、檀一雄……奔放すぎる作家たち

不倫の矛盾のなかでもがき苦しんだ作家たちは数多くいます。

大正から昭和にかけて活躍した歌人・柳原白蓮（1885〜1967）は華族に生まれ、大正天皇の従妹にあたる名門の血筋でした。わずか9歳で遠縁の子爵の家に養子に出された彼女は、その家の跡継ぎと結婚させられ、15歳で最初の出産をします。しかし、愛情のない結婚生活に耐えられず、20歳で離婚、実家に戻ります。

その後、東洋英和女学校に入学し、のちに翻訳者として著名になる村岡花子と親しくなります。こうした生涯が2014年のNHKの連続ドラマ「花子とアン」で紹介されたので、ご存知の方も多いでしょう。

その後、柳原は九州の炭鉱王・伊藤伝右衛門のもとに再び嫁ぎます。労働者上がりの炭鉱王のもとに華族の娘が嫁ぐとは、再婚であったとしても当時では驚きをもって受け止められ、新聞ダネになるほどでした。

しかし、生活は豪奢であったものの、結婚は不幸でした。夫の女性関係は乱脈であり、その乱脈ぶりを抑えるため、わざわざ柳原が妾を探してきてあてがうなど、異常な生活が続きます。柳原は短歌に打ち込むことでなんとか自分を維持しようとします。菊池寛の

『真珠夫人』のモデルは当時の柳原だと言われています。

そんなある日、柳原の前に7歳年下の宮崎龍介という男性が現れます。彼は同人誌の編集者であり社会運動家でもありました。柳原は宮崎との不倫の子を身ごもり、出奔を決意します。姦通罪があった当時、そのインパクトは今日とは比較になりません。「白蓮事件」として大々的に報じられ、凄まじいバッシングを受けましたが、それでも彼女は宮崎との愛を貫きました。

柳原白蓮

その後、昭和の戦争に向かう暗い時代の中、さまざまな弾圧を受けながらも宮崎と2人、創作のかたわら娼婦への支援活動や平和活動に身をささげました。彼女の創作活動も、後年の社会活動も、宮崎との不倫なくしては力を持ち得なかったでしょう。

『放浪記』の林芙美子や『火宅の人』の檀一雄も、生涯を通じてさまざまな恋愛に身を焦がし、懊悩した人物でした。しかし、その矛盾の苦しみのなかから、このような

左から宇野千代、林芙美子、真杉静枝。みな不倫に悩みながら後世に残る佳作をものした

素晴らしい作品が生まれてきたのです。

王室の歴史に学ぶスマートな不倫術

その点、現在まで続いている世界各国の王室は、その矛盾を巧みに利用しながら生き延びてきた側面があります。

1997年に劇的な死を遂げたイギリスのダイアナ妃が生前に残していた録音テープが没後20年の2017年にテレビ番組で公表され、大きな話題を呼びました。

そのテープの中で、ダイアナ妃は、チャールズ皇太子から「第1王位継承者はみんな愛人を持ち、それを隠さなかった。だから愛人を持ってもよい」と開き直られたことや、「愛人を持たない唯一のウェールズ公にはなりたくない」と言われたことを明かしています。

チャールズ皇太子はダイアナ妃との結婚前から、友人の妻であるカミラ夫人と愛人関係になっていましたが、ダイアナ妃はまた、「義父のフィリップ王配がチャールズ皇太子に、『もし結婚生活がうまくいかなければ、5年後にカミラの元に戻っていい』と言っていた。そして皇太子はその言葉通りに行動した」という内容も吐露しています。

ダイアナ妃亡き後にチャールズ皇太子妃となったカミラ夫人は、その曽祖母アリス・ケッペル（1869～1947）もまた、20世紀初頭に国王を務めたエドワード7世の愛人だった、というオチがあります。

アリス・ケッペルは伯爵夫人ではありましたが、ロイヤル・ミストレス（公妾）であり、夫がいながら国王の愛妾としての顔も持っていたのです。いわば「職業愛人」ですが、当時のイギリス上流社会においては、生活に不満がある貴族夫人は社交界に出入りすることによって、よりステイタスの高い男性をうまく捕まえ、愛妾となることが横行していました。また、妻が実力者の愛妾になれば、夫の社会的地位の向上も見込めるとさえ考えられていたのです。見方によっては、じつに洗練されたスマートな不倫術といえます。

そして時代が下って、国王と愛妾の子孫同士が同じことを繰り返したという意味において、まことに不思議な巡り合わせだと感じざるを得ません。

イギリスだけでなく、モナコ、デンマーク、スウェーデン、オランダなど、欧州各国の王室は異性関係のスキャンダルにたびたび見舞われています。それでも、王室の維持という意味においては、不倫や愛人が果たしてきた役割を無視するわけにはいきません。

側室制度の是非

日本においても一部の論客が「皇室は側室制度を復活させるべき」という論を展開して、さまざまな波紋を呼んでいます。

天皇家から側室がいなくなったのは大正時代であり、それまでは側室を持つのは当然のことでした。嵯峨(さが)天皇のように多くの側室を持ち、多くの子に恵まれた天皇もいました。

天皇は国民の象徴であり、その家族のあり方も国民の家族の象徴です。男系男子の皇統存続が危機に瀕しているからといって、すぐに側室制度を復活させればいいというのは、やや現実を無視した乱暴な議論だと思います。

しかし逆に、皇室の長きにわたる歴史から学び、現在の私たち自身のあり方や振る舞いを考え直す、ということはできるはずです。

皇室が２０００年以上も維持できたのは、正妻以外の男児であっても、他に該当者がいなければ、皇位継承者として扱ってきたからだという側面は否めないのではないでしょうか。もし、現在の不倫バッシングや婚外子差別のような価値基準をあてはめたら、皇室の存続は不可能だったでしょう。

私たちは過剰な不倫叩きに明け暮れるのではなく、むしろ皇室が培ってきた伝統的な価値観から先人たちの知恵を学び、結婚や家族のあり方を見直す時期に来ているのかもしれません。

このままでは日本人は生殖しなくなる

生殖のコストがこれほど高く、しかも不倫へのバッシングも強い日本社会では、今後、人々が生殖そのものをしなくなるのではという危惧もあります。

２０１７年、欧米の先進国の男性の精子の数はこの40年間で半減したという学術論文がイスラエルのヘブライ大学の研究者から出され、世界に衝撃を与えました。また、日本人男性の精子数は、フィンランド人男性に比べて3分の2しかないという論文も２００６年に発表されています。精子の数が減っているのは、環境や食生活の変化などさまざまな要因が考えられます。生殖コストの上昇とともに、私たちの身体そのものが生殖しにくくなっていることは非常に興味深い現象です。

将来、再生医療の発展とともに生殖技術も進歩し、代理母や人工子宮、iPS細胞などを使ったクローンをつくることが一般的になるかもしれません。それと並行して、シングルマザー、シングルファーザーでも子育てしやすい環境が実現すれば、生殖のコストは低く抑えられるはずです。

一方、セックスの快楽や恋愛のスリルについては、生身の異性と代替可能なものがそう遠くない将来に登場するでしょう。脳科学の飛躍的進歩によって、脳内のどこをどのように刺激すれば具体的イメージをともなった快楽が得られるかが急速に明らかになっています。また人工知能の発展によって、現実に存在する美女や美男のデータが蓄積され、映画『マトリックス』のように、脳にプラグを差し込めば、ただちにサイバー空間上でバーチャルな恋愛やセックスの快楽を味わえるようになる可能性があります。

それでも不倫はなくならない

そうした生殖が実現すれば、不倫する人のことを誰も「フリーライダー」とは批判できなくなるはずです。

しかし、人類の生殖がある程度科学的なコントロール下におかれるようになって、生殖のコストが低くなったとしても、不倫も、不倫バッシングもなくならないでしょう。

不倫遺伝子を持つ人が一定数いることを考えると、人類が存続していく上で、浮気性の人間がある程度いた方がよかった、と見ることもできます。個人の生存戦略としても、バッシングがあることを差し引いても、非効率的な生き方とは言えません。むしろ、バッシングされるほど、浮気性の人間の生存戦略は強力だったとも言えます。

とはいえ不倫遺伝子の持ち主たちがマジョリティになるほどではなかったし、今後も突然、不倫型が大多数を占めるようにはならないでしょう。貞淑型と不倫型がせめぎ合いながら子孫を残してきた結果が、今日の人類の姿なのです。

私たちの中に脈々と受け継がれてきた不倫遺伝子は、将来も人類を不倫へと駆り立てるでしょう。そして、フリーライダーを検知する「妬み」の感情がある限り、不倫バッシングも続くでしょう。

参考文献

赤松啓介『夜這いの民俗学・夜這いの性愛論』（ちくま学芸文庫）
ジャック・アタリ『図説「愛」の歴史』（原書房）
稲垣栄洋『オスとメスはどちらが得か？』（祥伝社新書）
衿野未矢『十年不倫』（新潮文庫）
岡田尊司『愛着障害』（光文社新書）
岡田尊司『愛着障害の克服』（光文社新書）
岡田尊司『生きるのが面倒くさい人』（朝日新書）
岡田尊司『回避性愛着障害』（光文社新書）
オリヴィア・ジャドソン『ドクター・タチアナの男と女の生物学講座』（光文社）
亀山早苗『人はなぜ不倫をするのか』（ＳＢ新書）
関口裕子、服藤早苗、長島淳子、早川紀代、浅野富美枝『家族と結婚の歴史』（森話社）
ティム・スペクター『双子の遺伝子』（ダイヤモンド社）

髙崎順子『フランスはどう少子化を克服したか』（新潮新書）
筒井淳也『結婚と家族のこれから』（光文社新書）
パメラ・ドラッカーマン『不倫の惑星』（早川書房）
仲野徹『エピジェネティクス』（岩波新書）
中野信子『ヒトは「いじめ」をやめられない』（小学館新書）
中野信子、澤田匡人『正しい恨みの晴らし方』（ポプラ新書）
日本性科学会セクシュアリティ研究会編『セックスレス時代の中高年「性」白書』（harunosora）
ティム・バークヘッド『乱交の生物学』（新思索社）
服藤早苗＝監修、伊集院葉子、栗山圭子、長島淳子、石崎昇子、浅野富美枝『歴史のなかの家族と結婚』（森話社）
デボラ・ブラム『愛を科学で測った男』（白揚社）
ロビン・ベイカー『精子戦争』（河出文庫）
ジョン・ボウルビィ『母と子のアタッチメント』（医歯薬出版株式会社）
クリストファー・ボーム『モラルの起源』（白揚社）
サビーヌ・メルシオール＝ボネ、オード・ド・トックヴィル『図説不倫の歴史』（原書房）
シャロン・モレアム『人はなぜSEXをするのか？』（アスペクト）
ラリー・ヤング、ブライアン・アレグザンダー『性と愛の脳科学』（中央公論新社）

参考文献

マット・リドレー『赤の女王』（ハヤカワ文庫ＮＦ）
マット・リドレー『やわらかな遺伝子』（ハヤカワ文庫ＮＦ）
デイヴィッド・Ｊ・リンデン『快感回路』（河出文庫）
デイヴィッド・Ｊ・リンデン『触れることの科学』（河出書房新社）
Ｊ・ル＝ゴフ、Ａ・コルバンほか『世界で一番美しい愛の歴史』（藤原書店）

中野信子（なかの のぶこ）

脳科学者。東日本国際大学特任教授。1975年生まれ。東京大学工学部応用化学科卒業、同大学院医学系研究科脳神経医学専攻博士課程修了。医学博士。2008年から10年まで、フランス国立研究所ニューロスピン（高磁場MRI研究センター）に勤務。脳科学、認知科学の最先端の研究業績を一般向けにわかりやすく紹介することで定評がある。17年、著書『サイコパス』（文春新書）がベストセラーに。他の著書に『ヒトは「いじめ」をやめられない』（小学館新書）、『シャーデンフロイデ　他人を引きずり下ろす快感』（幻冬舎新書）など。

文春新書

1160

不倫（ふりん）

2018年7月20日　第1刷発行
2020年12月15日　第4刷発行

著者　中野信子
発行者　飯窪成幸
発行所　株式会社 文藝春秋

〒102-8008　東京都千代田区紀尾井町3-23
電話（03）3265-1211（代表）

印刷所　理想社
付物印刷　大日本印刷
製本所　大口製本

定価はカバーに表示してあります。
万一、落丁・乱丁の場合は小社製作部宛お送り下さい。
送料小社負担でお取替え致します。

ISBN978-4-16-661160-7

暴かれた伊達政宗「幕府転覆計画」 大泉光一
変節と愛国 浅海 保
大日本史 山内昌之・佐藤 優
オッペケペー節と明治 永嶺重敏
元号 所 功・久禮旦雄・吉野健一
皇位継承 高橋 紘・所 功
歴史の余白 浅見雅男
江戸のいちばん長い日 安藤優一郎
西郷隆盛と西南戦争を歩く 正亀賢司
邪馬台国は「朱の王国」だった 蒲池明弘
姫君たちの明治維新 岩尾光代
日本史の新常識 文藝春秋編
仏教抹殺 鵜飼秀徳
承久の乱 本郷和人
昭和の東京 12の貌 文藝春秋編
平成の東京 12の貌 文藝春秋編

◆文学・ことば

翻訳夜話 村上春樹・柴田元幸
翻訳夜話2 サリンジャー戦記 村上春樹・柴田元幸
漢字と日本人 高島俊男
日本語とハングル 野間秀樹
危うし！小学校英語 鳥飼玖美子
英会話不要論 行方昭夫
英語の壁 マーク・ピーターセン
漱石「こころ」の言葉 夏目漱石・矢島裕紀彦編
人声天語2 坪内祐三
大人のジョーク 馬場 実
すごい言葉 晴山陽一
名文どろぼう 竹内政明
名セリフどろぼう 竹内政明
「編集手帳」の文章術 竹内政明
凡文を名文に変える技術 植竹伸太郎
新・百人一首 岡井 隆・馬場あき子・永田和宏・穂村 弘選

弔辞 劇的な人生を送る言葉 文藝春秋編
易経入門 氷見野良三
ビブリオバトル 谷口忠大
劇団四季メソッド「美しい日本語の話し方」 浅利慶太
遊動論 柄谷行人
生きる哲学 若松英輔
超明解！国語辞典 今野真二
芥川賞の謎を解く 鵜飼哲夫
ビジネスエリートの新論語 司馬遼太郎
昭和のことば 鴨下信一
週刊誌記者 近松門左衛門 鳥越文蔵監修・小野幸恵

(2018. 12) A
品切の節はご容赦下さい

◆経済と企業

金融工学、こんなに面白い　野口悠紀雄
臆病者のための株入門　橘　玲
臆病者のための億万長者入門　橘　玲
売る力　鈴木敏文
安売り王一代　安田隆夫
熱湯経営　樋口武男
先の先を読め　樋口武男
こんなリーダーになりたい　佐々木常夫
新自由主義の自滅　菊池英博
黒田日銀　最後の賭け　小野展克
石油の「埋蔵量」は誰が決めるのか?　岩瀬　昇
原油暴落の謎を解く　岩瀬　昇
就活って何だ　森　健
新・国富論　浜　矩子
資産フライト　山田　順
円安亡国　山田　順

日本型モノづくりの敗北　湯之上隆
松下幸之助の憂鬱　立石泰則
さよなら！　僕らのソニー　立石泰則
君がいる場所、そこがソニーだ　立石泰則
日本人はなぜ株で損するのか?　藤原敬之
ビジネスパーソンのための契約の教科書　福井健策
ビジネスパーソンのための企業法務の教科書　西村あさひ法律事務所編
サイバー・テロ　日米vs.中国　土屋大洋
ブラック企業　今野晴貴
ブラック企業2　今野晴貴
『ONE PIECE』と『相棒』でわかる！細野真宏の世界一わかりやすい投資講座　細野真宏
日本の会社40の弱点　小平達也
税金　常識のウソ　神野直彦
アメリカは日本の消費税を許さない　岩本沙弓
税金を払わない巨大企業　富岡幸雄
トヨタ生産方式の逆襲　鈴村尚久
VWの失敗とエコカー戦争　香住　駿
朝日新聞　朝日新聞記者有志

働く女子の運命　濱口桂一郎
無敵の仕事術　加藤　崇
「公益」資本主義　原　丈人
人工知能と経済の未来　井上智洋
お祈りメール来た、日本死ね　海老原嗣生
2040年全ビジネスモデル消滅　牧野知弘
自動車会社が消える日　井上久男
新貿易立国論　大泉啓一郎
日銀バブルが日本を蝕む　藤田知也
AIが変えるお金の未来　坂井隆之・宮川裕章＋毎日新聞フィンテック取材班
なぜ日本の会社は生産性が低いのか?　熊野英生

◆世界の国と歴史

文春新書

◆政治の世界

日本人へ リーダー篇　塩野七生
日本人へ 国家と歴史篇　塩野七生
日本人へ 危機からの脱出篇　塩野七生
日本人へⅣ 逆襲される文明　塩野七生
新しい国へ　安倍晋三
小泉進次郎の闘う言葉　常井健一
女子の本懐　小池百合子
国会改造論　小堀眞裕
日本国憲法を考える　西 修
憲法改正の論点　西 修
日本人が知らない集団的自衛権　小川和久
日米同盟のリアリズム　小川和久
拒否できない日本　関岡英之
司馬遼太郎 リーダーの条件　半藤一利・磯田道史・鴨下信一他
財務官僚の出世と人事　岸 宣仁
公共事業が日本を救う　藤井 聡

大阪都構想が日本を破壊する　藤井 聡
「スーパー新幹線」が日本を救う　藤井 聡
体制維新——大阪都　橋下 徹・堺屋太一
仮面の日米同盟　春名幹男
「反米」日本の正体　冷泉彰彦
安倍晋三「保守」の正体　菊池正史
自滅するアメリカ帝国　伊藤 貫
21世紀 地政学入門　船橋洋一
日本に絶望している人のための政治入門　三浦瑠麗
あなたに伝えたい政治の話　三浦瑠麗
21世紀の日本最強論　文藝春秋編
政治の眼力　御厨 貴
情報機関を作る　吉野 準
国のために死ねるか　伊藤祐靖
田中角栄 最後のインタビュー　佐藤 修
安全保障は感情で動く　潮 匡人
軍人が政治家になってはいけない本当の理由　廣中雅之
小泉進次郎と福田達夫　田﨑史郎

日本4・0　エドワード・ルトワック 奥山真司訳
日本よ、完全自立を　石原慎太郎

文春新書

◆食の愉しみ

発酵食品礼讃　小泉武夫
毒草を食べてみた　植松　黎
中国茶図鑑（カラー新書）　工藤佳治・兪　向紅　写真・丸山洋平
チーズ図鑑（カラー新書）　文藝春秋編
ビール大全　渡辺　純
イタリアワイン㊙ファイル　ファブリツィオ・グラッセッリ
スタア・バーのカクテルブック　岸　久
一杯の紅茶の世界史　磯淵　猛
辰巳芳子 スープの手ほどき 和の部　辰巳芳子
辰巳芳子 スープの手ほどき 洋の部　辰巳芳子
新版 娘につたえる私の味 一月〜五月　辰巳浜子 辰巳芳子
新版 娘につたえる私の味 六月〜十二月　辰巳浜子 辰巳芳子
小林カツ代のお料理入門　小林カツ代
小林カツ代のお料理入門 ひと工夫編　小林カツ代
フレンチの王道　井上　旭　神山典士・聞き手
日本のすごい食材　河﨑貴一

歴史の中のワイン　山本　博

◆スポーツの世界

植村直己 妻への手紙　植村直己
イチロー・インタヴューズ　石田雄太
プロ野球「衝撃の昭和史」　二宮清純
サッカーと人種差別　陣野俊史
新日本プロレス12人の怪人　門馬忠雄
全日本プロレス超人伝説　門馬忠雄
外国人レスラー最強列伝　門馬忠雄
巨人軍「闇」の深層　西﨑伸彦
野球バカは死なず　江本孟紀
最強のスポーツビジネス　池田　純　スポーツ・グラフィック ナンバー編
箱根駅伝 強豪校の勝ち方　碓井哲雄

◆アートの世界

◆考えるヒント

聞く力 阿川佐和子
叱られる力 阿川佐和子
看る力 阿川佐和子 大塚宣夫
断る力 勝間和代
選ぶ力 五木寛之
70歳！ 五木寛之 釈 徹宗
生きる悪知恵 西原理恵子
家族の悪知恵 西原理恵子
ぼくらの頭脳の鍛え方 立花 隆 佐藤 優
人間の叡智 佐藤 優
サバイバル宗教論 佐藤 優
寝ながら学べる構造主義 内田 樹
私家版・ユダヤ文化論 内田 樹
誰か「戦前」を知らないか 山本夏彦
民主主義とは何なのか 長谷川三千子
丸山眞男 人生の対話 中野 雄

勝つための論文の書き方 鹿島 茂
世界がわかる理系の名著 鎌田浩毅
〈東大・京大式〉頭がよくなるパズル 東田大志・東大・京大パズル研究会
〈東大・京大式〉頭がスッキリするパズル 東田大志・東大・京大パズル研究会
つい話したくなる 世界のなぞなぞ のり・たまみ
成功術 時間の戦略 鎌田浩毅
一流の人は本気で怒る 小宮一慶
イエスの言葉 ケセン語訳 山浦玄嗣
なにもかも小林秀雄に教わった 木田 元
何のために働くのか 寺島実郎
「強さ」とは何か。 宗 由貴・監修 鈴木義孝・構成
日本人の知らない武士道 アレキサンダー・ベネット
勝負心 渡辺 明
迷わない。 櫻井よしこ
議論の作法 櫻井よしこ
男性論 ECCE HOMO ヤマザキマリ
四次元時計は狂わない 立花 隆
知的ヒントの見つけ方 立花 隆

無名の人生 渡辺京二
中国人とアメリカ人 遠藤 滋
脳・戦争・ナショナリズム 中野剛志・中野信子・適菜 収
不平等との闘い 稲葉振一郎
プロトコールとは何か 寺西千代子
それでもこの世は悪くなかった 佐藤愛子
珍樹図鑑 小山直彦
対論「炎上」日本のメカニズム 佐藤健志 藤井 聡
安楽死で死なせて下さい 橋田壽賀子
世界はジョークで出来ている 早坂 隆
一切なりゆき 樹木希林

◆教える・育てる

- 幼児教育と脳　澤口俊之
- 子どもが壊れる家　草薙厚子
- 人気講師が教える理系脳のつくり方　村上綾一
- 英語学習の極意　泉　幸男
- 語源でわかった！英単語記憶術　山並陞一
- 語源の音で聴きとる！英語リスニング　山並陞一
- 外交官の「うな重方式」英語勉強法　多賀敏行
- ブラック奨学金　今野晴貴
- 文部省の研究　辻田真佐憲
- 僕たちが何者でもなかった頃の話をしよう　山中伸弥・羽生善治・是枝裕和・山極壽一・永田和宏
- 続・僕たちが何者でもなかった頃の話をしよう　池田理代子・平田オリザ・彬子女王・大隅良典・永田和宏

◆サイエンス

- サイコパス　中野信子
- 不倫　中野信子
- 「大発見」の思考法　山中伸弥　益川敏英
- 生命はどこから来たのか？　松井孝典
- 数学はなぜ生まれたのか？　柳谷　晃
- ねこの秘密　山根明弘
- 粘菌　偉大なる単細胞が人類を救う　中垣俊之
- ティラノサウルスはすごい　小林快次監修　土屋健
- アンドロイドは人間になれるか　石黒　浩
- 植物はなぜ薬を作るのか　斉藤和季
- 超能力微生物　小泉武夫
- 秋田犬　宮沢輝夫

(2018. 12) E

文春新書のロングセラー

樹木希林
一切なりゆき
樹木希林のことば

二〇一八年、惜しくも世を去った名女優が語り尽くした生と死、家族、女と男……。ユーモアと洞察に満ちた希林流生き方のエッセンス
1194

中野信子
サイコパス

クールに犯罪を遂行し、しかも罪悪感はゼロ。そんな「あの人」の脳には隠された秘密があった。最新の脳科学が説き明かす禁断の事実
1094

橘　玲
女と男　なぜわかりあえないのか

単純な男性脳では、複雑すぎる女性脳は理解できない！「週刊文春」の人気連載「臆病者のための楽しい人生100年計画」を新書化
1265

ジャレド・ダイアモンド　ポール・クルーグマン　リンダ・グラットンほか
コロナ後の世界

新型コロナウイルスは、人類の未来をどう変えるのか？　世界が誇る知識人六名に緊急インタビュー。二〇二〇年代の羅針盤を提示する
1271

立花　隆
知の旅は終わらない
僕が3万冊を読み100冊を書いて考えてきたこと

立花隆は巨大な山だ。政治、科学、歴史、音楽……、万夫不当の仕事の山と、その人生を初めて語った。氏を衝き動かしたものは何なのか
1247

文藝春秋刊